ein Ullstein Buch

ÜBER DAS BUCH:

Von Jugend an wünschte Gerald Durrell sich einen eigenen Zoo. Alles, was da kreucht und fleucht, brachte er als Junge mit nach Hause (*Meine Familie und anderes Getier*, UB 2733). Später machte er Ernst mit seinen Träumen: Um sich seinen eigenen Tierpark zu fangen, machte er sich mit seiner Frau nach Afrika auf. Sein Ziel war das Gebiet von Kamerun, wo sein alter Freund, der große Fon von Bafut, ein patriarchalischer Negerfürst, lebte. Der Potentat, den Tieren seines Landes nicht weniger zugetan als schottischem Whisky, erwies ihm einzigartige Gastfreundschaft. Bald verfügte Durrell über eine bunte Sammlung von Affen und Buschbabys, Schlangen und Antilopen, Eulen und exotischen Vögeln. In Kisten und Kasten, in Verschlägen und Koffern verpackt, traten sie die Reise nach Europa an. Doch zu Hause erlebte Gerald Durrell eine unangenehme Überraschung: Energisch protestierten seine Nachbarn gegen diese Invasion fremdländischer Zeitgenossen, und erst die kleine Kanalinsel Jersey bot dem Privatzoo eine neue Heimstatt – schöner, großzügiger und glücklicher für alle.

DER AUTOR:

Gerald Durrell wurde 1925 in Jamshedpur, in Indien, geboren. 1928 kehrte die Familie nach England zurück, zog aber kurze Zeit später auf die griechische Insel Korfu, wo der kleine Gerald seine ersten Erfahrungen mit Tieren machte. Seit 1947 organisierte und leitete Durrell eine ganze Reihe erfolgreicher Tierfangexpeditionen in fremde Kontinente. 1958 gründete er seinen Zoo auf der britischen Kanalinsel Jersey. Dieser Tierpark ist inzwischen zur Überlebensstation für Tiere geworden, die vom Aussterben bedroht sind.

Gerald Durrell

Ein Koffer voller Tiere

Ich fange meinen eigenen Zoo

ein Ullstein Buch

ein Ullstein Buch
Nr. 20651
im Verlag Ullstein GmbH,
Frankfurt/M–Berlin
Titel der englischen
Originalausgabe:
A Zoo in my Luggage
© 1960 Gerald Durrell
Übersetzt von Ursula Heinemann

Ungekürzte Ausgabe
Neuauflage von UB 2790

Umschlagentwurf:
Bagnall Studios
Alle Rechte vorbehalten
Übersetzung © 1962
Verlag Ullstein GmbH,
Frankfurt/M–Berlin
Printed in Germany 1986
Druck und Verarbeitung:
Ebner Ulm
ISBN 3 548 20651 4

Juli 1986

Vom selben Autor
in der Reihe der
Ullstein Bücher:

Meine Familie und anderes Getier
(2733)
Die Tiere in meiner Arche (20499)

CIP-Kurztitelaufnahme
der Deutschen Bibliothek

Durrell, Gerald:
Ein Koffer voller Tiere: Ich fange meinen
eigenen Zoo / Gerald Durrell. [Übers. von
Ursula Heinemann]. – Ungekürzte Ausg. –
Frankfurt/M; Berlin: Ullstein, 1986.
  (Ullstein-Buch; Nr. 20651)
  Einheitssacht.: A zoo in my luggage <dt.>
  ISBN 3-548-20651-4
NE: GT

Inhalt

Meine Frau und ich verbrachten sechs Monate in Bafut, einem Berggrasland in Britisch-Kamerun, und zwar aus einem etwas ungewöhnlichen Grund: wir wollten nämlich nichts anderes als Tiere für einen eigenen Zoo fangen. Dieses Buch ist die Geschichte unserer Fahrt und unserer Erlebnisse.

Seit Kriegsende habe ich Expeditionen in alle Welt finanziert und organisiert, um Tiere für verschiedene zoologische Gärten zu fangen. Immer wieder konnte ich dabei erfahren, wie schwer und niederdrückend das Ende einer solchen Expedition ist, wenn man sich von den Tieren, die man monatelang mit Liebe und Sorgfalt gepflegt hat, trennen muß. Ist man einem Tier sechs Monate lang Vater, Mutter, Ernährer und Beschützer, so entwickelt sich im Laufe dieser Zeit eine herzliche Freundschaft. Allmählich vertraut das Tier dem Menschen und, was vielleicht noch wichtiger ist, es benimmt sich ihm gegenüber ganz natürlich. Wenn nun das Zusammenleben gerade Früchte zu tragen beginnt, wenn beinahe einzigartige Bedingungen gegeben sind, die Gewohnheiten und das Verhalten der Tiere kennenzulernen, wird man gezwungen, sich von ihnen zu trennen. Für dieses Problem gab es, wenigstens für mich, nur eine Lösung: der eigene zoologische Garten. Da konnte ich meine Tiere behalten, und ich wußte, welche Käfige sie bewohnten, wie man sie behandelte und fütterte. Ein solcher Zoo würde selbstverständlich der Öffentlichkeit zugänglich gemacht werden und auf diese Weise für mich ein Laboratorium sein, das sich selbst finanzierte, und in dem ich meine Tiere nach Herzenslust beobachten konnte. Für die Gründung eines eigenen zoologischen Gartens gab es noch einen zweiten und für mich wichtigeren Grund. Wie so viele andere Menschen bin ich darüber beunruhigt, daß Jahr für Jahr überall auf der Welt

Tierarten in ihrer natürlichen Umgebung ausgerottet werden. Daran ist zumeist mittelbar oder unmittelbar der Mensch schuld. Obwohl namhafte und erfolgreiche Gesellschaften mit der Lösung dieses Problems beschäftigt sind, erstreckt sich ihre Fürsorge leider nicht auf die Unzahl kleiner, für Handel oder Tourismus weniger wertvoller Tiere. Für mich ist das Ausrotten einer Tierart ein ähnliches Verbrechen wie die Zerstörung eines unersetzlichen Kunstwerks. Ich bin der Meinung, daß es Hauptaufgabe der zoologischen Gärten sein sollte, besondere Stätten zur Aufzucht solcher seltenen, gefährdeten Arten einzurichten. Wenn dann eine Tierart in ihrer natürlichen Umgebung ausstirbt, bleibt sie uns wenigstens auf diese Weise erhalten.

Seit langem hatte ich die Absicht, diesen Zoo zu schaffen und wollte jetzt den Plan in die Wirklichkeit umsetzen. Jeder, der von einer solchen Idee besessen ist, hätte wahrscheinlich zunächst für ein passendes Gehege gesorgt und wäre dann auf Tierfang gegangen. Selten habe ich jedoch in meinem Leben einen Plan in der üblichen logischen Reihenfolge verwirklicht. So machte ich mich auch jetzt zuerst daran, die Tiere zu fangen und ging erst dann an die Lösung der Aufgabe, einen Zoo zu finden. Das war gar nicht so einfach, wie ich es mir gedacht hatte. Und wenn ich daran zurückdenke, bin ich noch heute ganz sprachlos über die Kühnheit, mit der ich diesen umgekehrten Weg beschritt.

Hier ist also die Geschichte meiner Suche nach einem Zoo, und sie erklärt zugleich, warum ich lange Zeit meine Tiere in Koffern herumtragen mußte.

Von meinem Platz auf der von Bougainvillea umrankten Veranda konnte ich die blaue, glitzernde Fläche der Viktoria-Bucht überschauen. Diese Bucht ist mit unzähligen kleinen, bewaldeten Inseln übersät, wie grüne Pelzhütchen anzusehen, die willkürlich auf das Wasser gefallen sind. Zwei große Papageien flogen eilig vorüber. Sie neckten sich gegenseitig und kreischten laut und verführerisch ihr »cooo-ee« in den leuchtend-blauen Himmel hinein. Eine Schar winziger Kanus flitzte wie ein Schwarm dunkler Fische zwischen den Inseln hin und her. Das Geschrei und Geschwätz der Fischer klang gedämpft zu mir herüber. Über mir, in den hohen Palmen, die das Haus beschatteten, lärmte eine Kolonie Webervögel, die eifrig damit beschäftigt waren, Palmwedel für den Bau ihrer korbförmigen Nester abzureißen. Hinter dem Haus, dort wo der Wald anfing, stieß ein Tinker-Vogel seinen monotonen Schrei aus: toink ... toink ... toink ... Es hörte sich an wie unaufhörliche Schläge auf einen winzigen Amboß. Der Schweiß rann mir den Rücken hinab und durchtränkte mein Hemd. Das Bier vor mir wurde schnell warm. Ich war wieder in West-Afrika.
Auf die Verandabrüstung war eine orangeköpfige Eidechse gekrochen, die geschäftig mit dem Kopf nickte, als wolle sie der Sonne applaudieren. Gewaltsam mußte ich meinen Blick von ihr reißen. Ich wandte mich wieder meinem Brief zu.

An den Fon von Bafut
B a f u t
Bemenda Distrikt/Britisch-Kamerun

Ich machte eine Pause und hoffte auf eine Eingebung; ich zündete eine Zigarette an und betrachtete aufmerksam die feuchten Abdrücke, die meine Finger auf den Schreibmaschinentasten hinterließen, nippte an dem Bier und blickte finster auf den Brief. Es war ziemlich schwierig, dieses Schreiben zu verfassen. Dafür gab es eine Menge Gründe.

Der Fon von Bafut war ein reicher, kluger und charmanter Mann, der über ein ausgedehntes Grasland der nördlichen Gebirge herrschte. Vor acht Jahren hatte ich mehrere Monate in seinem Reich verbracht, um dort lebende seltene Tiere zu fangen. Der Fon war ein bezaubernder Gastgeber. Ich hatte unzählige herrliche Abende mit ihm verbracht, denn er vertrat die Meinung, man müsse das Leben genießen. Seine Trinkfestigkeit, seine ungeheure Energie und sein Humor waren bewundernswert. In meinem Buch über die Expedition zeichnete ich ein Bild von ihm und zeigte ihn als einen klugen und freundlichen Mann, der Musik, Tanzen, Trinken und all die Dinge liebt, die das Leben verschönern, und der eine fast kindliche Fähigkeit zur Freude am Vergnügen hat. Nun wollte ich ihn in seinem abgelegenen schönen Königreich wieder besuchen und unsere Freundschaft erneuern. Doch hatte ich einige Bedenken. Leider zu spät merkte ich, daß mein Porträt von ihm mißverstanden werden könnte, als zeige es ihn als einen senilen Alkoholiker, der seine Zeit ausschließlich damit verbringt, sich im Kreise seiner zahlreichen Frauen zu betrinken. Darum war ich etwas unsicher, als ich mich an den Brief machte, um zu erfahren, ob ich ihm wieder willkommen sei. Solche Briefe, so grübelte ich, sind das unangenehmste am Bücherschreiben. Ich seufzte, drückte die Zigarette aus und begann:

Mein lieber Freund,
wie Du vielleicht gehört hast, bin ich nach Kamerun zurückgekehrt, um wieder Tiere zu fangen und sie mit nach Hause zu nehmen. Du wirst Dich sicher erinnern, daß ich bei meinem letzten Aufenthalt in Deinem Land die schönsten Tiere fing. Außerdem waren wir sehr vergnügt miteinander. Jetzt bin ich mit meiner Frau zurückgekommen und möchte gern, daß sie Dich und Dein wunderbares Land kennenlernt. Kön-

nen wir nach Bafut kommen, dort bleiben und Tiere fangen? Wenn Du damit einverstanden bist, möchte ich gern wieder in Deinem Gästehaus wohnen. Vielleicht könntest Du mich benachrichtigen.

Dein ergebener
Gerald Durrell

Dieses Sendschreiben und zwei Flaschen Whisky übergab ich einem Boten, dem ich einschärfte, den Whisky keinesfalls unterwegs auszutrinken. Dann konnten wir nichts weiter tun als geduldig warten, während der Berg von Gepäckstücken unter einer Zeltplane schmorte, auf dem die orangeköpfigen Eidechsen lagen und dösten. Nach einer Woche kam der Bote zurück. Aus der Tasche seiner schäbigen Khaki-Shorts zog er einen Brief. Hastig riß ich den Umschlag auf. Zögernd beugten Jacquie und ich uns über das Schreiben:

Palast des Fon
Bafut/Bemenda
25. Januar 1957

Mein guter Freund,
Deinen Brief vom 23. habe ich mit großem Vergnügen erhalten. Ich war mehr als erfreut, als ich Deinen Brief las. Du bist also wieder in Kamerun. Ich erwarte Dich jederzeit. Wie lange Du hierbleiben wirst, spielt keine Rolle. Mein Gästehaus steht für Dich bereit, ganz gleich, wann Du kommst. Bitte, richte Deiner Frau meine aufrichtigen Grüße aus und sage ihr, daß ich mich darauf freue, wenn sie hier sein wird und wir uns viel erzählen können.

Dein aufrichtiger
Fon von Bafut

Erster Teil: UNTERWEGS

An die
Zoologische Abteilung
United Africa Company
Mamfe

Verehrter Herr,
während Ihrer ersten Fahrt durch Kamerun war ich Ihr Lie-
ferant und besorgte Ihnen verschiedene Tiere. Ich sende Ihnen mit meinem Diener anbei ein Tier, dessen Namen ich
nicht weiß. Bitte, nennen Sie einen angemessenen Preis und
schicken Sie mir das Geld. Das Tier hat etwas dreieinhalb
Wochen in meinem Haus gelebt.

> In Ehrerbietung bin ich
> Ihr ergebener
> Thomas Tambis, Jäger

Auf dem Wege nach Bafut wollten wir uns zehn Tage in der Stadt Mamfe aufhalten. Sie lag am Rande eines riesigen unbewohnten Gebietes, dort, wo der Cross-River beginnt schiffbar zu werden. Während meiner beiden früheren Aufenthalte in Kamerun hatte ich dort gute Fangergebnisse erzielt. Mit einem eindrucksvollen Geleitzug von drei Lastwagen zogen wir von Viktoria los. Jacquie und ich fuhren im ersten, Bob, unser junger Gehilfe, im zweiten und Sophie, meine leidgewohnte Sekretärin, im letzten Wagen. Die Fahrt war heiß und staubig. Hungrig, durstig und von Kopf bis Fuß mit einer dünnen roten Staubschicht bedeckt, kamen wir während der kurzen Dämmerung des dritten Reisetages in Mamfe an. Man hatte uns geraten, mit dem Leiter der »United Africa Company« Verbindung aufzunehmen. So dröhnten denn unsere Fahrzeuge die Anfahrt hinauf und hielten kreischend vor einem imponierenden, hellerleuchteten Haus.

Das Haus lag augenscheinlich am besten Platz von ganz Mamfe, auf einem konisch geformten Hügel, dessen eine Seite an die Schlucht grenzte, durch die der Cross-River floß. Vom Ende des Gartens, der mit der unvermeidlichen Hibiskushecke eingefaßt war, konnte man direkt in die 120 Meter tiefe Schlucht sehen, an deren Wänden ein Durcheinander von Gestrüpp und höheren Bäumen unsicher klebte. Es waren zehn Meter hohe Klippen aus gefaltetem Granit, überwuchert von wilden Begonien, Moosen und Farnen. Am Fuß der Klippen wand sich der Fluß wie ein brauner gekrümmter Muskel durch leuchtend-weiße Sandbänke und gerippte Felsplatten. Kleine Flecken Ackerland reihten sich auf der anderen Seite am Ufer entlang. Dahinter erhob sich der Wald in Hunderten von Farben und Schattierungen und erstreckte sich bis in die Unendlichkeit, bis er im Dunst der Entfernung nur noch wie ein undeutliches, zitterndes und schäumendes grünes Meer erschien.

Als ich mich aus dem glühenden Innern unseres Wagens gewunden hatte und auf festem Boden stand, war mir nicht gerade danach, die Aussicht zu bewundern. Was ich brauchte, war ein Drink, ein Bad und etwas zu essen — genau in dieser Reihenfolge. Aber fast genauso nötig schien mir eine Holzkiste für das erste Tier, das wir erworben hatten. Es war eine Rarität, ein junges, schwarzfüßiges Mungoweibchen, das ich von einem Eingeborenen erstand, als wir uns in einem etwa 40 Kilometer zurückliegenden Dorf etwas Obst kauften. Ich war entzückt, daß wir unsere Sammlung mit einer solchen Seltenheit beginnen sollten. Doch nach einem zweistündigen Kampf mit der jungen Dame auf dem Vordersitz des Wagens begann meine Begeisterung zu schwinden. Als erstes wollte das Mungofräulein jeden Winkel unseres Fahrzeugs inspizieren. Da ich fürchtete, sie würde sich in den Gängen des Motors verheddern und womöglich ein Bein brechen, sperrte ich sie in mein Hemd ein. Während der ersten halben Stunde kroch sie laut schniefend an mir herum. In der zweiten unternahm sie mehrere entschlossene Versuche, mit ihren scharfen Krallen ein Loch in meine Haut zu graben. Als ich sie schließlich überredete, diese Beschäftigung aufzugeben, begann sie heftig und voller Hoffnung an meinem Bauch herumzusaugen. Dabei berieselte sie mich mit einem warmen und stechenden, scheinbar endlosen Strom aus ihrer kleinen Blase. Meinem schon schmutzigen und verschwitzten Äußeren machte das nicht mehr viel aus. Als ich dann die Treppe zum Haus des U.A.C.-Managers hinaufstieg, und der Mungoschwanz aus meinem uringetränkten Hemd herausbaumelte, sah ich — gelinde gesagt — ziemlich exzentrisch aus. Ich holte tief Luft und versuchte, gelassen dreinzuschauen, als ich in das hellerleuchtete Wohnzimmer trat, in dem drei Männer um einen Kartentisch saßen. Fragend schauten sie auf. »Guten Abend«, sagte ich und fühlte mich ziemlich fehl am Platze. »Mein Name ist Durrell.«

Ich überlegte, daß dies seit Stanley und Livingstone wohl nicht gerade die vielsagendste Bemerkung in Afrika war. Ein kleiner, dunkler Herr stand auf und kam höflich lächelnd auf mich zu. Das lange schwarze Haar fiel ihm dabei in die Stirn. Er streckte die Hand aus und schüttelte die meine. Er überging mein unvermitteltes Auftreten und meine ungewöhnliche Aufmachung und sah mich aufmerksam an.

»Guten Abend«, sagte er, »spielen Sie etwa Kanasta?«

»Nein«, antwortete ich ziemlich erstaunt, »leider nicht.«

Er seufzte, als ob seine düstersten Befürchtungen sich bewahrheitet hätten. »Schade, wirklich schade«, sagte er. Dann legte er den Kopf zur Seite und blickte mich aufmerksam an.

»Wie, sagten Sie, war Ihr Name?«

»Durrell, Gerald Durrell.«

»Ach, du meine Güte!« rief er aus. Ihm schien ein Licht aufzugehen. »Sind Sie etwa der verrückte Tigerfänger, vor dem der Chef mich gewarnt hat?«

»Vermutlich ja.«

»Aber, mein Freund, ich habe Sie schon vor zwei Tagen erwartet. Wo haben Sie so lange gesteckt?«

»Wir wären vor zwei Tagen hier gewesen, wenn unsere Laster nicht mit so eintöniger Regelmäßigkeit gestreikt hätten.«

»Diese einheimischen Wagen sind verflucht unzuverlässig«, sagte er, als ob er mir damit ein Geheimnis anvertraue. »Möchten Sie etwas trinken?«

»Nichts mehr als das«, sagte ich inbrünstig. »Kann ich die anderen hereinholen? Sie warten draußen.«

»Selbstverständlich, bringen Sie nur alle rein. Und für alle ist was zu trinken da.«

»Tausend Dank«, sagte ich und wandte mich zur Tür.

Mein Gastgeber ergriff meinen Arm und zog mich zurück.

»Sagen Sie mal, alter Junge«, flüsterte er heiser, »ich will ja nicht aufdringlich sein, vielleicht macht das der Gin, den ich getrunken habe, aber wackelt Ihr Bauch immer so?«

»Nein«, sagte ich todernst, »das ist nicht mein Bauch. Ich habe einen Mungo in meinem Hemd.«

Einen Augenblick starrte er mich an. »Eine sehr einleuchtende Erklärung«, meinte er schließlich.

»Ja«, antwortete ich, »und der Wahrheit entsprechend.«

Er seufzte. »Nun, solange es nicht vom Gin kommt, ist es mir gleich, was Sie in Ihrem Hemd haben«, sagte er großzügig. »Holen Sie die anderen herein, und dann wollen wir einer oder zwei Flaschen den Hals brechen, bevor wir essen.«

Wir machten es uns also in John Hendersons Haus bequem. In wenigen Tagen wurde aus ihm der bedauernswerteste Gastgeber der afrikanischen Westküste. Es ist von einem Mann, der seine Ruhe liebt, schon großzügig, vier Fremde bei sich aufzunehmen. Wenn dieser Mann, der obendrein noch allem Getier gegenüber äußerst mißtrauisch ist, vier Tierfänger einlädt zu bleiben, fehlt es an Worten, seinen Heroismus zu beschreiben. Denn innerhalb von vierundzwanzig Stunden waren außer dem Mungo noch ein Eichhörnchen, ein Buschbaby und zwei Affen auf der Veranda untergebracht. Während John sich daran gewöhnte, daß seine Beine von einem halbausgewachsenen Pavian umarmt wurden, sobald er einen Fuß vor die Tür setzte, schickte ich an alle mir bekannten Jäger der Umgebung Nachricht, bat sie zu kommen und beschrieb ihnen die Tiere, die ich haben wollte. Dann legten wir die Hände in den Schoß und warteten. Es dauerte eine Weile, bis eines Nachmittags ein Jäger der Gegend mit Namen Agustine erschien. Wie er so den Weg heruntertrabte, sah er mit seinem knallrot und blau gemusterten Schurz wie ein eleganter mongolischer Fürst aus. Ihn begleitete der riesigste Westafrikaner, der mir je unter die Augen kam. Der große, finster dreinblickende Kerl war mindestens zwei Meter lang. Sein Gesicht war, im Gegensatz zu Agustines goldbraunem Teint, pechschwarz. Er stampfte auf riesigen Füßen neben ihm her; vor den Stufen der Veranda machten sie halt. Agustine strahlte. Sein Gefährte hingegen starrte uns so interessiert an, als schätze er unser Nettogewicht nach kulinarischen Gesichtspunkten ab.

»Guten Morgen, Sah«, sagte Agustine. Dabei zog er seinen leuchtend bunten Sarong enger um die schlanken Glieder.

»Guten Morgen, Sah«, intonierte der Riese mit einer Stimme, die wie ferner Donner dröhnte.

»Guten Morgen ... ihr bringt Fleisch?« fragte ich hoffnungsvoll, obwohl sie allem Anschein nach keine Tiere bei sich hatten.

»Nein, Sah«, sagte Agustine betrübt, »wir haben nicht Fleisch, wir kommen fragen Masa, ob Masa uns will borgen Stückchen Strick.«

»Einen Strick? Was wollt ihr mit einem Strick?«

»Wir finden große Boa, Sah, im Busch. Aber wir können nicht fangen, wenn wir nicht haben Strick, Sah.«

Bob, der Spezialist für Reptilien war, fuhr hoch. »Boa?« fragte er aufgeregt, »was soll das heißen, Boa?«

»Sie meinen eine Python«, erklärte ich ihm. Das Schwierigste am Pidgin-Englisch für den Naturwissenschaftler ist, daß die Eingeborenen meistens falsche Namen auf die Tiere anwenden. Pythons nennen sie Boas, Leoparden Tiger und so weiter. Bobs Augen leuchteten fanatisch. Seit dem Augenblick, als wir in Southampton an Bord gegangen waren, hatte er fast ausschließlich von Pythonschlangen gesprochen. Er würde erst zufrieden sein, wenn wir auch eine Python in unserer Sammlung hätten. »Wo ist die Python?« fragte er. Seine Stimme zitterte vor schlecht verhohlenem Eifer.

»Da, im Busch«, sagte Agustine und umschrieb dabei mit dem Arm einige fünfhundert Quadratmeilen Urwald. »Sie da in irgendein Loch im Boden.«

»Große Boa?« fragte ich.

»Wah! Groß?« rief Agustine aus. »Sie ganz-ganz groß.«

»Sie groß wie das«, sagte der Riese und schlug dabei auf seine Schenkel, die so massig wie die eines Ochsen waren.

»Wir gehen in Busch seit Morgenzeit, Sah«, rief jetzt wieder Agustine. »Einmal wir sehen diese Boa. Wir laufen schnell-schnell, aber kein Glück. Diese Schlange zu viel Kraft. Sie kriechen in Loch im Boden. Wir keinen Strick. So wir nicht können fangen.«

»Ihr laßt einen Mann dieses Loch bewachen, damit Boa nicht davonrennt?« fragte ich.

»Ja, Sah. Wir lassen zwei Mann bei dies Loch.«

Ich wandte mich an Bob. »Also, hier ist deine Chance. Eine echte Python, versteckt in einer Höhle. Sollen wir hingehen und einen Versuch machen?«

»Selbstverständlich, ja! Laß uns sofort gehen und sie fangen!« rief Bob.

Ich wandte mich wieder an Agustine.

»Wir gehen diese Schlange ansehen, Agustine, eh?«

»Ja, Sah.«

»Ihr wartet kurze Zeit, wir kommen. Wir holen Strick und Fangnetz.«

Bob stürzte zu unseren Sachen, um Seil und Netz zu holen. Ich füllte einige Flaschen mit Wasser und stöberte unseren Stalljungen Ben auf, der vor der Hintertür hockte und mit einem jungen und charmanten schwarzen Mädchen flirtete.

»Ben, laß das arme Weibsbild in Ruhe und mach dich fertig. Wir gehen in Busch und fangen Boa.«

»Ja, Sah.« Ben verließ nur zögernd seine Freundin. »Wo diese Boa?«

»Agustine sagt, sie sei in einem Loch im Boden. Darum brauche ich dich. Wenn Loch zu eng ist und Mr. Golding und ich nicht hineinpassen, mußt du hinein und Boa fangen.«

»Ich, Sah?«

»Ja, du. Ganz allein.«

»Gut.« Er grinste ergeben. »Ich nicht fürchten, Sah.«

»Du lügst«, sagte ich. »Du weißt, du fürchtest dich sehr.«

»Ich nicht fürchten, wirklich, Sah«, sagte Ben würdevoll. »Ich Masa nie erzählen, wie ich töten Buschkuh?«

»Ja, du hast mir's zweimal erzählt; aber ich glaube dir nicht. Nun, lauf zu Mr. Golding, hol Seile und Fangnetze, schnell.«

Der Weg in die Gegend, in der unsere Beute auf uns wartete, führte uns den Hügel hinab ans Flußufer. Dann mußten wir den Fluß mit einer Fähre überqueren. Diese Fähre war ein großes bananenförmiges Kanu, das vor etwa dreihundert Jahren gebaut zu sein und seitdem langsam zu verfallen schien. Das Kanu bediente ein uralter Mann, der aussah, als wenn er jeden Augenblick einem Herzanfall erliegen würde. Begleitet wurde er von einem kleinen Jungen, der das Wasser ausschöpfen mußte. Der Kampf des Jungen mit dem Wasser war hoffnungslos; er arbeitete mit einer winzigen verrosteten Blechbüchse, und die Planken des Kanus schienen so wenig wasserdicht wie ein Küchensieb zu sein. Wenn man das gegenüberliegende Ufer erreicht hatte, saß man unweigerlich 15 Zentimeter tief im Wasser. Als wir mit unseren Siebensachen bei den ausgewaschenen Stufen der Granitklippe, die den Landeplatz darstellen, ankamen, lag die Fähre am anderen Ufer. Während Ben, Agustine und der riesige Afrikaner (den wir Gargantua getauft hatten) ihre Stimmen erhoben und dem Fährmann zuriefen, so schnell wie möglich zurückzukommen, hockten Bob und ich uns in den Schatten und beobachteten das Mamfe-Volk, das in dem braunen Wasser unter uns badete und seine Wäsche wusch.

Schwärme kleiner Jungen sprangen schreiend von den Klippen, platschten ins Wasser und schossen an die Oberfläche zurück. Ihre Handflächen und Fußsohlen schimmerten rosa wie Muscheln, ihre braunen Körper wie polierte Schokolade. Die etwas zimperlichen Mädchen behielten beim Baden ihren Sarong an, der, wenn sie den Fluten entstiegen, ihnen so fest am Körper klebte, daß für die Phantasie nichts mehr übrigblieb. Ein Knirps von kaum fünf Jahren bewegte sich behutsam die Klippen hinunter, die Zunge vor Eifer vorgestreckt, auf dem Kopf einen enormen Wasserkrug balancierend. Als er den Fluß erreichte, blieb er nicht etwa stehen, um den Krug abzusetzen oder den Sarong auszuziehen. Er ging geradewegs ins Wasser und watete langsam und entschlossen in den Fluß hinein, bis er verschwunden war. Nur ein Krug glitt geheimnisvoll über das Wasser. Schließlich verschwand auch er. Für einen Augenblick war nichts mehr zu sehen, dann kam der Krug wieder zum Vorschein, und schließlich tauchte auch der Junge darunter wieder auf. Laut prustend stieß er die Luft aus und kämpfte sich zielbewußt mit jetzt randvollem Krug auf dem Kopf ans Ufer. Dort schob er den Krug vorsichtig auf ein Felssims. Ohne den Sarong auszuziehen, ging er ins Wasser zurück. Aus irgendeiner Falte des Gewandes brachte er ein Stückchen Seife zum Vorschein, mit dem er sich und den Sarong gleichmäßig einseifte. Als er von Kopf bis Fuß so voller Schaum war, daß er wie ein rosa Schneemann aussah, tauchte er unter. Sauber und blank watete er ans Ufer zurück, hob den Krug auf den Kopf, kletterte langsam die Klippe hinauf und verschwand. Das war ein vollendetes Beispiel afrikanischer Anwendung der Rationalisierungstheorie.

Inzwischen war die Fähre zurückgekommen. Ben und Agustine verhandelten aufgeregt mit dem alten Besitzer. Er sollte uns nicht geradewegs ans andere Ufer bringen, sondern etwa 800 Meter stromaufwärts zu einer großen Sandbank. Hierdurch würden wir fast eine Meile Weg am Flußufer entlang sparen. Der alte Mann schien damit ganz und gar nicht einverstanden

»Was ist mit ihm los, Ben?« fragte ich.

»Eh! Dies sein dummer Mann«, sagte Ben und drehte sich ärgerlich zu mir um, »er nicht wollen stromauf fahren.«

»Warum willst du nicht, mein Freund?« fragte ich den alten Mann, »wenn du uns fahren, ich dir zahlen mehr Geld und ...«

»Masa«, sagte der alte Mann entschieden, »dies sein mein Boot. Wenn ich verlieren, ich machen kein Geld mehr ... ich nicht kriegen Fleisch für Bauch ... ich nicht kriegen ein-ein Penny!«

»Aber, warum Boot verlieren?« fragte ich erstaunt. Ich kannte die Flußstrecke; es gab keine Stromschnellen und keine Strudel.

»Ipopo, Masa«, erklärte der Alte.

Ich starrte ihn an, um zu erraten, was um die Welt er wohl meinen könne. War Ipopo vielleicht ein mächtiger Fetisch in der Gegend, von dem ich bisher nichts gehört hatte?

»Dieser Ipopo«, fragte ich vorsichtig, »wo lebt er?«

»Wah! Masa ihn nie gesehen?« fragte der alte Mann erstaunt. »Er da in Wasser gleich bei D. O's Haus. Er groß wie Auto ... er gefährlich ... er haben zu viel Kraft.«

»Wovon spricht er eigentlich?« fragte Bob neugierig.
Plötzlich ging mir ein Licht auf. »Er redet von der Fluß-
pferdherde unterhalb vom Haus des Distriktsbeamten. Aber
diese Abkürzung ist so einzigartig, daß sie mich für einen
Augenblick genarrt hat.«
»Hält er sie für gefährlich?«
»Anscheinend ja. Ich weiß nur noch nicht, warum. Sie waren
ganz harmlos, als ich das letzte Mal hier war.«
»Nun, ich hoffe, sie sind immer noch harmlos«, meinte Bob.
Ich wandte mich wieder zu dem Alten. »Höre, mein Freund,
wenn du uns dieses Wasser hinaufbringen wirst, will ich dir
sechs Schilling und obendrein Zigaretten geben. Und wenn
dieses Ipopo dein Boot kaputtmacht, kaufe ich dir ein neues,
hörst du?«
»Ich hören, Sah.«
»Einverstanden?«
»Ich einverstanden, Sah«, sagte der Alte, in dem Habgier
und Vorsicht miteinander kämpften. Wir hockten im Kanu,
in dem das Wasser einige Zentimeter hoch stand, und fuhren
langsam stromauf.
»Ich glaube nicht, daß sie wirklich gefährlich sind«, sagte
Bob beiläufig und zog die Hand nachlässig durchs Wasser.
»Das letzte Mal bin ich öfter bis auf zehn Meter an sie her-
angefahren, um Aufnahmen zu machen«, sagte ich.
»Diese Ipopo haben starken Kopf, Sah«, sagte Ben brutal.
»Zwei Monate früher sie töten drei Mann und brechen zwei
Boote.«
»Eine sehr beruhigende Tatsache«, sagte Bob.
Vor uns war das braune Wasser an vielen Stellen von Fel-
sen durchbrochen. Zu jeder anderen Zeit hätten sie genau wie
gewöhnliche Felsen ausgesehen, doch heute glich jeder einzel-
ne dem Kopf eines Flußpferdes, eines hinterlistigen, tollen
Flußpferdes, das in den dunklen Fluten auf uns lauerte. Ben,
der sich vermutlich an seine waghalsige Geschichte mit der
Buschkuh erinnerte, versuchte zu pfeifen. Doch es blieb bei
einem schwachen Versuch, und ich beobachtete, wie er aufmerksam und ängstlich das Wasser vor uns absuchte. Schließ-

lich bekommt ein Flußpferd, das sich angewöhnt hatte, Kanus anzugreifen, Geschmack an der Sache, und es wird sich alles mögliche ausdenken, um einen zu ärgern, und sei es nur aus Spaß. Ich hingegen hatte keine Lust, mit sadistischen Flußpferden von einer halben Tonne Gewicht in fünf Meter tiefem Dreckwasser herumzuturnen.

Ich beobachtete, daß der Alte unser Fahrzeug nahe am Ufer hielt und so manövrierte, daß wir immer in ziemlich seichtem Wasser fuhren. Das Kliff am Ufer war steil, bot jedoch überall Halt für den Fall einer Gefahr. Die Felsen lagen in mächtigen Schichten wie unordentliche Packen versteinerter, mit Moos überwachsener Zeitschriften. Die Bäume auf den Klippen ließen ihre Zweige weit über das Wasser hängen. So fuhren wir in einem sich schlängelnden Kurs durch einen Schattentunnel. Von Zeit zu Zeit störten wir einen Königsfischer auf, der wie eine schnelle blaue Sternschnuppe über unseren Bug schoß; oder einen schwarz-weißen Kiebitz, der stromauf davonflatterte und närrisch in sich hineinkicherte; seine Füße streiften das Wasser, und die langen gelben Schläfenlappen flatterten grotesk zu beiden Seiten des Schnabels.

Allmählich fuhren wir die Flußschleife entlang. Jetzt lag etwa 300 Meter vor uns am gegenüberliegenden Ufer die weiße geriffelte Masse der Sandbank. Der alte Mann brummte erleichtert und paddelte schneller.

»Fast angekommen«, sagte ich fröhlich, »und nirgends ein Flußpferd.«

Die Worte waren mir kaum entschlüpft, als sich ein Fels, an dem wir in fünf Meter Entfernung vorbeifuhren, aus dem Wasser hob und uns mit runden, erstaunten Augen anstarrte. Gleichzeitig spie er wie ein kleiner Walfisch zwei zierliche Fontänen aus.

Zum Glück widerstand unsere tapfere Mannschaft der Versuchung, aus dem Boot zu springen und an Land zu schwimmen. Der alte Mann zog den Atem pfeifend ein, tauchte das Paddel tief ins Wasser und stoppte das Kanu mit einem kurzen, Blasen aufwirbelnden Schlag. Da saßen wir nun und starrten das Flußpferd an, und das Flußpferd saß da und starrte uns an. Das Flußpferd schien noch erstaunter als wir. Sein pausbäckiges, rosagraues Gesicht schwamm wie eine Geistererscheinung auf der Wasseroberfläche. Mit großen Augen, die uns so unschuldig wie ein Baby abschätzten, betrachtete es uns. Mit den vor- und zurückflappenden Ohren schien es uns zuzuwinken. Es seufzte tief und kam — mit zwei aufgesperrten Augen erstaunt dreinblickend — einen Meter näher. Da stieß Agustine auf einmal einen schrillen Schrei aus, daß wir hochsprangen und dabei das Kanu fast umkippten. Wütend stießen wir ihn an und brachten ihn zur Ruhe. Währenddessen schätzte uns das Flußpferd weiter unverfroren ab.

»Keine Angst«, sagte Agustine mit lauter Stimme, »das sein Frau.«

Er nahm dem widerstrebenden Alten das Paddel fort und schlug mit dem Blatt aufs Wasser. Ein Sprühregen schoß hoch. Das Flußpferd öffnete das Maul zu einem gigantischen Gähnen und präsentierte eine Zahnreihe, die man gesehen haben muß, um sie für möglich zu halten. Dann sank der Kopf plötzlich — anscheinend ohne jede Muskelbewegung — unter Wasser. Einen Augenblick geschah nichts. Doch waren wir alle überzeugt, daß das Tier unmittelbar unter uns durchs Wasser schwamm. Dann tauchte der Kopf wieder auf, zu unserer Erleichterung einige zwanzig Meter stromaufwärts. Es stieß zwei Fontänen aus, wackelte graziös mit den Ohren und versank wieder.

Der Alte brummte und zog Agustine das Paddel aus der Hand.

»Agustine, warum du machen so dumme Sachen?« fragte ich mit energischer, scharfer Stimme.

»Sah, das Ipopo kein Mann ... das Ipopo Frau«, erklärte Agustine und schien über den Zweifel an ihm verletzt zu sein.

»Woher weißt du?« fragte ich.

»Masa, ich kennen all diese Ipopo in dies Wasser«, erklärte er.

»Dies Ipopo Frau, wenn Ipopo Mann, er uns alle auffressen. Aber Ipopo Frau nicht so starken Kopf wie Mann.«

»Nun, danken wir Gott für das schwächere Geschlecht«, sagte ich zu Bob. Der Alte, plötzlich von einer ungeheuren Energie besessen, schoß mit seinem Kanu quer über den Fluß, so daß es in die Kieselsteine auf der Sandbank stieß. Wir luden unsere Ausrüstung aus, sagten dem Alten, er solle auf uns warten und machten uns in Richtung auf das Pythonversteck auf.

Zuerst führte unser Weg durch Ackerland der Eingeborenen, auf dem gefällte Baumriesen herumlagen und verrotteten. Zwischen ihnen hatte sich niedrige Cassava angesiedelt, so daß der Boden brachlag und das Buschwerk des Waldes — Dornenpflanzen, Winden und andere Rankengewächse — in die Lichtung vorgedrungen war und alles zudeckte. Auf diesen unbebauten Feldern herrschte reges Leben. Als wir uns durch das undurchdringliche Gestrüpp zwängten, waren wir von Hunderten von Vögeln umgeben. Hübsche kleine Tyrannen schwebten in der Luft und hoben sich blau wie Pulverrauch von der grünen Fläche ab. In den dämmrigen Nischen der umrankten Baumstümpfe huschten Rotkehlchen-Schmätzer auf der Suche nach Grashüpfern keck umher und sahen dabei unseren englischen Rotkehlchen erstaunlich ähnlich. Eine Elster schoß vor uns in die Höhe und flog mit scharfem Warnruf schwerfällig davon. Im Dickicht eines Dornbuschs, der mit rosa Blüten bedeckt war, summten dicke, blaue Bienen, und eine Singdrossel überschüttete uns mit einem Wasserfall süßer Töne. Eine Strecke lang wand sich der Pfad durch das feucht-heiße, hüfthohe Gestrüpp, bis er ganz plötzlich ins Freie führte, hinaus in ein goldenes Grasfeld, das im Sonnenglast vibrierte.

Solche Grasfelder sind für das Auge sehr reizvoll, doch sind sie unbequem zu durchwandern. Das Gras ist hart und spitz und wächst in Büscheln, die dem unachtsamen Wanderer gern ein Bein stellen. An anderen Stellen lagen graue Felsflächen in der Sonne ausgebreitet, die von Millionen winziger Glimmersplitter übersät waren und die Augen blendeten. Die Sonne prallte auf unsere Nacken, ihr Widerschein wurde von der glänzenden Felsfläche zurückgeworfen und traf das Gesicht mit der Glut eines Ofens. Der Schweiß strömte an uns herunter.

»Ich hoffe, dieses verfluchte Reptil hat sich einen schattigen Platz für seine Höhle ausgesucht«, sagte ich zu Bob. »Auf den Felsen hier könnte man Spiegeleier braten.«

Agustine trottete eifrig vor uns her. Sein Sarong hatte sich allmählich von Scharlachrot in Weinrot verfärbt, so naß war er geschwitzt. Er drehte sich um und grinste mich mit einem von Schweißtropfen gesprenkelten Gesicht an. »Masa heiß?« fragte er besorgt.

»Ja, zu heiß«, antwortete ich. »Diese Stelle noch weit?«

»Nein, Sah, sein da«, sagte er und zeigte nach vorn. »Masa nicht sehen Mann, ich lassen für Wache?«

Ich folgte seinem ausgestreckten Finger und konnte in der Ferne ein Gebiet erkennen, in dem die Felsen durch einen vulkanischen Ausbruch der Vergangenheit wie Bettzeug zusammengeworfen und zerknittert waren und ein kleines Kliff bildeten, das diagonal durch das Grasfeld lief. Oben auf dem Kliff konnte ich die Gestalten zweier Jäger erkennen, die geduldig in der Sonne hockten. Als sie uns sahen, standen sie auf und schwenkten ihre gefährlich aussehenden Speere zu unserer Begrüßung.

»Sie sein in Loch?« bellte Agustine ängstlich.

»Sie da, sie da!« riefen sie zurück.

Als wir am Fuß des kleinen Kliffs ankamen, wußte ich, warum die Python sich diesen Fleck zum Quartier gewählt hatte. Die Felsfläche war von einer Reihe flacher Höhlen aufgespalten, die Wind und Wasser glattgewaschen hatten. Alle diese Höhlen waren miteinander verbunden; die ganze Reihe stieg leicht auf das Kliff zu, so daß ein Bewohner keine Sorge zu haben brauchte, in der feuchten Jahreszeit naß zu werden. Die Öffnung jeder Höhle war etwa zweieinhalb Meter breit und einen Meter hoch. Da blieb jedem anderen Lebewesen außer einer Schlange kaum Platz zum Manövrieren. Die Jäger hatten das Gras um die Höhle herum in Brand gesetzt in der Hoffnung, die Schlange auszuräuchern. Die Python hatte nicht darauf reagiert. Wir jedoch mußten uns jetzt bis zu den Knöcheln in einer dicken Schicht von Holzkohle und federleichter Asche bewegen.

Bob und ich legten uns auf den Bauch und schlängelten uns Schulter an Schulter in die Öffnung der Höhle, um die Python auszumachen und einen Schlachtplan zu entwerfen. Es stellte sich heraus, daß sich die Höhle etwa einen Meter einwärts verengte und nur noch Platz für einen Menschen ließ, der sich fest an den Boden pressen mußte. Nach dem blendenden Sonnenschein draußen schien es drinnen doppelt düster. Wir konnten nichts erkennen. Das einzige Anzeichen für das Vorhandensein der Schlange war ihr vernehmliches mürrisches Zischen, sobald wir uns bewegten. Wir riefen nach einer Taschenlampe. Als sie ausgepackt und zu uns hereingereicht war, richteten wir ihren Strahl in die enge Öffnung.

Ewa drei Meter vor uns endete der Gang in einer runden Vertiefung. Darin lag die Python zusammengerollt und glänzte im Lichtstrahl wie frisch poliert. Sie war etwa viereinhalb Meter lang und so dick, daß wir Gargantua verziehen, ihren Umfang mit seinem Schenkel verglichen zu haben. Außerdem war das Tier äußerst schlechter Laune. Je länger wir den Strahl der Taschenlampe auf sie richteten, desto ausdauernder und schriller wurde das Zischen, bis es zu einem furchtsamen Schrei anschwoll. Wir krochen zurück in die Sonne und richteten uns auf. Die dicke Aschenschicht, die sich an unsere verschwitzten Körper geheftet hatte, färbte uns fast so schwarz wie unsere Jäger.

»Die Sache ist ganz einfach«, sagte Bob, »wir müssen eine Schlinge um ihren Hals bekommen und dann mit allen Kräften daran ziehen.«

»Stimmt. Aber die Frage ist, wie bekommen wir die Schlinge um ihren Hals. Ich möchte nicht gern in der Öffnung eingezwängt sein und von einer Schlange angegriffen werden. Da ist kein Platz zum Ausweichen und kein Platz für Hilfe, wenn du mit ihr in ein Handgemenge gerätst.«

»Da hast du recht«, gab Bob zu.

»Es gibt nur eine Möglichkeit«, entschied ich, »Agustine, geh' schnell-schnell, hole einen Gabelstock für mich . . . einen dicken . . . du hören?«

»Ja, Sah«, sagte Agustine. Er zog seine breite, scharfe Machete heraus und trottete auf den etwa 300 Meter entfernten Waldrand zu.

»Denk daran, wenn es uns wirklich gelingt, die Schlange herauszuziehen, können wir uns nicht auf die Jäger verlassen«, schärfte ich Bob ein. »In Kamerun ist man davon überzeugt, daß die Python giftig ist. Man hält nicht nur den Biß für tödlich, sondern meint auch, die Python könne den Menschen mit ihren Sporen unter dem Schwanz vergiften. Wenn wir sie also herausbekommen, dürfen wir sie nicht am Kopf fassen und damit rechnen, daß die Jäger den Schwanz ergreifen. Du mußt das eine Ende nehmen und ich das andere. Dann können wir hoffen, daß die Jäger in der Mitte mit uns zusammenarbeiten.«

»Eine reizende Idee«, sagte Bob und pfiff nachdenklich durch die Zähne.

Bald kam Agustine mit einem geraden Ast zurück, der am Ende gegabelt war. An diesem Ende befestigte ich einen Ziehknoten aus feiner Schnur, die, wie man mir versichert hatte, eine Belastung von drei Zentnern aushalten würde. Dann wickelte ich 15 Meter der Schnur ab und gab den Rest des Knäuels Agustine.

»Jetzt krieche ich hinein. Ich versuche, diese Schnur um Hals von Boa zu werfen, eh? Wenn ich Hals gefangen, rufe ich ›holla‹, und dann ziehen alle diese Jäger auf einmal. Verstanden?«

»Verstanden, Sah.«

»Wenn ich ›ziehen‹ rufe«, sagte ich, während ich mich vorsichtig in den Aschenteppich legte, »laß um Himmels willen nicht zu fest ziehen. Ich möchte nicht unter das verfluchte Ding geraten.«

Ich schlängelte mich vorsichtig in die Höhle hinein. Astgabel und Schnur in der Hand, die Taschenlampe im Mund.

Die Python zischte mit unverminderter Wildheit und Stärke. Dann kam die heikle Aufgabe, die Gabel nach vorn zu bringen und zu versuchen, die herunterhängende Schlinge über den Kopf der Schlange zu schieben. Mit der Taschenlampe im Mund war das unmöglich; denn bei der leisesten Bewegung glitt der Strahl überall hin, nur nicht auf meine Beute. Ich legte die Lampe auf den Boden und schob einige Steine darunter, so daß der Strahl direkt auf die Schlange fiel. Dann schob ich mit unendlicher Vorsicht den Ast in die Höhle hinein auf das Reptil zu. Die Python hatte sich natürlich unterdessen zu einem festen Knäuel zusammengerollt. Der Kopf lag mitten darauf. Wenn ich den Ast in der richtigen Lage hatte, mußte ich die Schlange veranlassen, den Kopf zu heben. Das konnte ich nur erreichen, wenn ich sie heftig mit dem Ende des Stocks anstieß.

Nach dem ersten Stupser schien das leuchtende Knäuel des Körpers vor Wut anzuschwellen. Ein so schrilles und mit Bosheit geladenes Zischen scholl mir entgegen, daß ich um ein Haar den Ast fallengelassen hätte. Ich nahm ihn fester in meine feuchten Hände und stupste noch einmal. Schrill fuhr mir das Zischen entgegen. Fünfmal mußte ich stupsen, bevor ich Erfolg hatte. Plötzlich erschien der Kopf der Schlange über dem Knoten und schoß auf das Ende des Stocks zu. Die Mundöffnung stand weit offen und leuchtete rosa im Licht der Taschenlampe. Die Bewegung war zu rasch gewesen; ich hatte keine Möglichkeit, die Schlinge über den Kopf der Schlange zu schieben. Das Manöver war so schwierig für mich, weil ich nicht dicht genug an meine Beute herankriechen konnte und mit ausgestrecktem Arm arbeiten mußte. Dazu kam das Gewicht des Stabes, das meine Bewegungen ungeschickt machte. Schließlich kroch ich, triefend vor Schweiß und mit schmerzendem Arm, wieder ans Tageslicht.

»Es geht nicht«, sagte ich zu Bob. »Sie hält den Kopf in ihrem Knäuel begraben und schießt nur damit hervor, um zu schlagen.«

»Laß mich einmal versuchen«, sagte er eifrig.

Er nahm den Stock und kroch in die Höhle. Während langer

Minuten konnten wir nur seine großen Füße sehen, die am Eingang der Höhle nach einem Halt suchten. Dann kam er wild fluchend wieder zum Vorschein.

»Es geht nicht, mit diesem Ding werden wir sie nie fangen.«

»Wenn sie uns einen Ast, wie ein Hirtenstab gebogen, bringen, glaubst du dann, daß du das ganze Schlangenknäuel fassen und herausziehen kannst?« fragte ich.

»Ich denke schon. Oder ich könnte sie damit wenigstens zwingen, sich aufzurollen, damit wir sie dann am Kopf schnappen können«, sagte Bob.

Agustine wurde also mit genauen Anweisungen aufs neue fortgeschickt. Kurz darauf kam er mit einem 6 Meter langen Ast zurück, dessen Ende wie ein Angelhaken gebogen war.

»Es wäre leichter, wenn du mit mir zusammen in die Höhle kriechen und die Lampe halten würdest«, meinte Bob. »Wenn ich sie auf den Boden lege, werfe ich sie bei jeder Bewegung um.«

Wir krochen also gemeinsam in die Höhle und lagen eng zusammengedrängt da. Ich leuchtete in den Tunnel hinein, und Bob bewegte seinen riesigen Haken auf die Schlange zu. Ganz langsam, um das Tier nicht unnötig aufzuregen, führte er den Haken über die oberste Windung des Schlangenbün-bündels, brachte es in Stellung, rückte sich in eine bequemere Lage und zog dann mit Leibeskräften.

Das Ergebnis war prompt und verwirrend. Zu unserem Erstaunen glitt die ganze Schlangenmasse nach anfänglichem Zögern auf uns zu. Begeistert schob Bob sich zurück — dadurch zwängte er uns beide noch enger in den Tunnel — und zog wieder. Das Schlangenbündel glitt noch näher und begann sich zu entwirren. Bob zog aufs neue. Die Schlange rollte sich weiter auf. Kopf und Hals kamen aus dem Knäuel hervor und schlugen nach uns. Eingezwängt wie ein Paar großer Sardinen in einer zu kleinen Büchse, gab es für uns nur eine Richtung. Wir glitten so schnell wir konnten auf unseren Bäuchen zurück. Hier war die Höhle etwas breiter, so daß wir uns besser bewegen konnten. Bob ergriff den Stock und zog wütend daran. Er erinnerte mich an eine schmäch-

tige Amsel, die wie besessen einen übermäßig großen Wurm
aus der Erde zieht. Die Schlange kam näher. Sie zischte
wie verrückt. Ihr Körper zitterte vor Muskelanspannung bei
dem Versuch, sich von dem Haken zu befreien. Noch ein
tüchtiger Zug, schätzte ich, und Bob würde sie am Ausgang
der Höhle haben. Ich kroch schnell hinaus.

»Schnell das Seil«, schrie ich den Jägern zu. »Schnell, schnell
... Seil!« Sie gehorchten und sprangen herbei. Im gleichen
Augenblick erschien Bob in der Öffnung, stolperte auf seine
Füße und trat zurück für den letzten Zug, der die Schlange
ins Freie bringen sollte, wo wir uns ihrer annehmen würden.
Als er jedoch zurücktrat, kam er mit dem Fuß auf einen losen
Stein, der unter ihm wegrutschte. Bob fiel flach auf den Rük-
ken. Der Stock entglitt seinen Händen. Die Schlange zog
mächtig an, und der Haken gab ihren Körper frei. Mit der
leichten Geschmeidigkeit von Wasser, das in Löschpapier
eindringt, glitt sie in einen Felsspalt, der aussah, als könne
kaum eine Maus darin Platz finden. Als der letzte Meter
ihres Körpers im Innern des Felsens verschwand, stürzten
Bob und ich uns darauf und klammerten uns ingrimmig daran. Wir konnten die Anspannung der kräftigen Muskeln spü-
ren, als die tief im felsigen Versteck begrabene Schlange versuchte, ihren Schwanz aus unserem Griff zu befreien. Langsam, Zentimeter für Zentimeter, glitten die glatten Schup-
pen durch unsere schweißfeuchten Hände, und plötzlich war
die Schlange verschwunden. Irgendwoher aus dem tiefen Felsen kam ihr triumphierendes Zischen.

»Ah, sie weglaufen, Masa«, stellte Agustine fest, der die besondere Begabung hatte, das Augenfällige zu bekräftigen.

»Diese Schlange zu viel Kraft«, bemerkte Gargantua schwermütig.

»Kein Mann kann halten Schlange in Loch«, versuchte uns
Agustine zu trösten.

»Sie haben viel-viel Kraft«, fing Gargantua wieder an. »Sie
haben mehr Kraft als Mensch.«

Schweigend reichte ich Zigaretten herum. Wir hockten auf
dem Aschenteppich und rauchten.

»Gut«, sagte ich schließlich resigniert. »Wir haben getan, was wir konnten. Vielleicht haben wir nächstes Mal mehr Glück.«

Bob jedoch wollte sich nicht trösten lassen. Der Gedanke, die Python seiner Träume zum Greifen nahe gehabt und dann verloren zu haben, war fast nicht zu ertragen. Er schlich umher und fluchte wütend in sich hinein, während wir Netz und Seile zusammenpackten.

Die Sonne stand jetzt tief am Himmel. Als wir das Grasfeld hinter uns gebracht hatten und zu dem verlassenen Ackerland kamen, lag grünes Zwielicht über der Landschaft. Überall im Gestrüpp leuchteten riesige Glühwürmchen wie zitternde Saphire. Leuchtkäfer glitten durch die warme Luft und glitzerten wie rosa Perlen in den dunklen Büschen. Die Luft war getränkt mit abendlichen Düften, dem Rauch des Holzfeuers, feuchter Erde und dem süßen Duft der schon taufeuchten Blüten. Eine Eule rief mit alter, brüchiger Stimme, und eine zweite antwortete ihr.

Der Fluß wirkte im Zwielicht wie eine gleitende Bronzefläche, als wir knirschend über die milchweiße Sandbank schritten. Der alte Mann und der Junge lagen zusammengerollt im Bug des Kanus und schliefen. Sie wachten auf und paddelten uns schweigend den Fluß hinunter. Hoch über uns auf dem Hügel sahen wir die Lampen unseres Quartiers zu uns herüberschimmern. Ganz schwach, als Untermalung des Gurgelns und Plätscherns unserer Paddel, hörte man das Grammophon. Ein Schwarm kleiner weißer Motten hüllte das Kanu ein, als es aufs Ufer zuhielt. Zart und mit mattem Licht zog der Mond seine Bahn durch das Filigran des Waldes hinter uns, und wieder riefen die Eulen traurig und sehnsüchtig im Dämmer der Bäume.

Durch Boten

Herrn
G. Durrell
p. Adr. United Africa Company
Zoologische Abteilung
Mamfe

Sehr geehrter Herr Durrell,
hier schicke ich zwei Tiere wie diejenigen, welche Sie mir
auf den Abbildungen gezeigt haben. Jeden Preis, den Sie
wollen, und ich bin zufrieden. Wickeln Sie Geld in kleines
Stück Papier und geben es Jungen, der Tiere bringt. Sie wissen wirklich, daß ein Jäger immer schmutzig ist. Darum
sollten Sie versuchen, mir einen Riegel Seife zu geben.
Gute Grüße für Sie

Ihr Peter N'amabong

Jenseits des Cross-Flusses, 13 Kilometer tief im Wald, liegt
das winzige Dorf Eshobi. Ich kannte das Dorf und seine Bewohner von einem früheren Aufenthalt her, bei dem es mir
mehrere Monate als Stützpunkt gedient hatte. Es war ein gutes Jagdgebiet gewesen, und die Bewohner tüchtige Jäger.
Darum versuchte ich jetzt, die Verbindung wieder mit ihnen
aufzunehmen, damit sie mir Tiere brächten. Die beste Möglichkeit, Informationen zu erhalten und Nachrichten weiter-
zuleiten, war die über den Dorfmarkt. Ich rief darum Philipp, unseren Koch. Philipp war ein liebenswürdiger Geselle.
Er hatte ein Pferdegebiß und grinste ununterbrochen. Seine
Angewohnheit, in steifer militärischer Haltung zu gehen
und in Hab-acht-Stellung zu stehen, wenn man mit ihm
sprach, ließ eine militärische Ausbildung vermuten, die er
jedoch nie gehabt hatte. Er stapfte auf die Veranda und
stand kerzengrade wie ein Gardist vor mir.
»Philipp, höre, ich will Eshobi-Mann finden«, sagte ich.
»Ja, Sah.«
»Gut. Wenn du zum Markt gehst, geh Eshobi-Mann suchen
und bringe ihn zu mir. Ich will ihm Brief nach Eshobi ge-
ben.«
»Ja, Sah.«
»Nicht vergessen, eh? Nun geh’, Eshobi-Mann finden.«
»Ja, Sah«, sagte Philipp und trabte in seine Küche zurück.
Auf unnötige Unterhaltung verschwendete er nie viel Zeit.
Zwei Tage vergingen, ohne daß ein Mann aus Eshobi auf-
tauchte. Da mich andere Dinge beschäftigten, vergaß ich die
Angelegenheit. Am vierten Tag marschierte Philipp trium-
phierend den Weg herunter, einen sehr ängstlich dreinschau-
enden vierzehnjährigen Jungen im Schlepptau. Offensicht-

lich hatte der Bursche für den Besuch in der Metropole Mamfe seine Sonntagskleider angezogen. Seine bezaubernde Ausstaffierung bestand aus einem Paar zerknitterter Khaki-Hosen und einem schmutzig-weißen Hemd, das vermutlich aus einem Sack geschneidert war und auf dem Rücken in blauen Buchstaben die vielsagenden und dekorativen Worte PRODUCE OF GR trug. Auf seinem Kopf thronte ein Strohhut, dem Alter und langes Tragen eine gefällige Tönung von Silbergrün gegeben hatten. Die nur widerstrebende Erscheinung wurde von seinem Wärter auf die vordere Veranda gezogen. Dort stand Philipp nun stolz in Habacht-Stellung mit der Miene eines Mannes, der einen besonders komplizierten Zaubertrick fertiggebracht hatte. Ich hatte einige Zeit gebraucht, bis ich Philipps eigentümliche Art zu sprechen verstand. Er sprach sein Pidgin-Englisch sehr schnell und mit einer Lautstärke, die für Taube bestimmt schien. Sein Organ war eine Mischung zwischen Fagott und Regimentsfeldwebel.

»Wer ist das?« fragte ich und sah auf den Jungen.

Philipp schien verletzt. »Dieses ist Mann, Sah«, brüllte er, als ob er es einem völlig verblödeten Kind erklärte. Er starrte auf seinen Schützling und gab dem Unglücklichen auf die Schulter einen Schlag, der ihn um ein Haar von der Veranda schleuderte.

»Ich kann sehen, daß es ein Mann ist«, sagte ich geduldig. »Aber was will er?«

Philipp sah den zitternden Jüngling wild an und gab ihm einen zweiten Schlag zwischen die Schulterblätter.

»Sprich jetzt!« brüllte er. »Sprich, Masa warten.«

Wir warteten. Der Junge scharrte mit den Füßen, spielte vor Verlegenheit mit den Zehen, lächelte uns mit einem kleinen, verwässerten Lächeln an und sah auf den Boden. Wir warteten geduldig. Plötzlich sah er auf, nahm seine Kopfbedeckung ab, beugte den Kopf und sagte:

»Guten Morgen, Sah.«

Philipp strahlte mich an, als erkläre dieser Gruß die Anwesenheit des Burschen. Da ich sah, daß mein Koch keine Begabung zum geschickten, taktvollen Interviewer hatte, nahm ich mich selbst der Sache an.

»Mein Freund, wie heißt du?« fragte ich.

»Peter, Sah«, antwortete er kläglich.

»Er heißen Peter«, bellte Philipp für den Fall, daß ich nicht verstanden haben sollte.

»Nun, Peter, warum kommst du, mich zu sehen?« forschte ich.

»Masa, dieser Mann, dein Koch, er sagen mir, Masa wollen Mann für Brief bringen nach Eshobi«, sagte der Jüngling kleinlaut.

»Ah, du bist der Eshobi-Mann.« Mir ging ein Licht auf.

»Ja, Sah.«

»Philipp«, sagte ich, »du bist ein ausgemachter Idiot.«

»Ja, Sah«, stimmte Philipp mir bei, zufrieden mit dieser unerwarteten Feststellung.

»Warum sagst du nicht, dies Eshobi-Mann?«

»Wah!« schnappte Philipp, bis in die Tiefe seiner Feldwebelseele getroffen, »aber ich sagen, dies sein Mann.«

Da ich sah, daß mit Philipp nichts anzufangen war, wandte ich mich wieder dem Jüngling zu. »Höre, Peter, du kennen in Eshobi einen Mann, sie ihn nennen Elias?«

»Ja, Sah, ich ihn kennen.«

»Gut. Du gehst und sagst Elias, daß ich wieder in Kamerun bin, um Fleisch zu fangen. Du gehst und sagst ihm, daß ich ihn wieder brauche. Du sagst ihm, er soll kommen nach Mamfe und mit mir sprechen. Du sagst ihm, dieser Masa lebt in U.A.C.-Haus, du hören?«

»Ich hören, Sah.«

»Gut. Du gehst also nach Eshobi schnell-schnell und erzählst Elias. Ich gebe dir diese Zigaretten, so bist du glücklich, wenn du durch Busch gehst.«

Er nahm das Päckchen Zigaretten in beide Hände, verbeugte sich und strahlte mich dann an.

»Danke, Masa«, sagte er.

»Schon gut . . ., geh jetzt nach Eshobi, lauf schnell.«

»Danke, Masa«, wiederholte er. Er stopfte die Zigaretten in

die Tasche seines ungewöhnlichen Hemdes und trottete den Weg hinunter.

Vierundzwanzig Stunden später war Elias zur Stelle. Während meines früheren Aufenthaltes in Eshobi hatte er zu meinen ständigen Jägern gehört. Ich freute mich, als ich seine fette, wabbelnde Gestalt auf mich zukommen sah. Seine affenähnlichen Züge öffneten sich zu einem breiten Grinsen entzückten Erkennens. Als die Begrüßungszeremonien vorüber waren, überreichte er mir ein Dutzend sorgfältig in Bananenblätter eingepackte Eier. Ich revanchierte mich mit einer Schachtel Zigaretten und einem Jagdmesser, das ich für ihn aus England mitgebracht hatte. Dann verloren wir uns in dem ernsthaften Gespräch über Tiere. Zunächst erzählte er mir von all den Tieren, die er während meiner achtjährigen Abwesenheit gefangen hatte, und was aus meinen zahlreichen Jägerfreunden geworden war. Der alte N'ago war von einer Buschkuh getötet worden; Andraia hatte ein Wasserbüffel gebissen; Samuels Gewehr war losgegangen und hatte einen Teil seines Armes abgerissen, was Elias sehr spaßig fand; John schließlich hatte kürzlich das größte Buschschwein, das ihm je unter die Augen gekommen war, getötet und das Fleisch für mehr als 40 Schilling verkauft. Dann sagte Elias plötzlich etwas, was meine Aufmerksamkeit ganz in Anspruch nahm.

»Masa, erinnern diesen Vogel, Masa so gern haben?« fragte er mit seiner rauhen Stimme.

»Welchen Vogel, Elias?«

»Vogel, der nicht haben Haare auf Kopf. Letztes Mal Masa in Mamfe, ich bringen Masa zwei davon.«

»Vogel, der sein Haus aus Lehm macht? Vogel, rot auf dem Kopf?« fragte ich aufgeregt.

»Ja, dieser Vogel«, stimmt Elias zu.

»Nun, was ist mit ihm?« Meine Stimme bebte vor Neugier.

»Wenn ich hören, Masa sein gekommen zurück nach Kamerun, ich gehen in Busch zu sehen diesen Vogel«, erklärte er. »Ich erinnern, Masa lieben diesen Vogel zu sehr. Ich suchen, suchen in Busch, zwei, drei Tage.«

Er hielt inne und sah mich augenzwinkernd an.

»Na und?«

»Ich ihn finden, Masa.« Er grinste von einem Ohr zum anderen.

»Du ihn finden?« Ich konnte mein Glück kaum fassen. »Wo ist er? Wie viele hast du gesehen. An welchem Ort?«

»Er da, da«, unterbrach Elias die Flut meiner aufgeregten Fragen. »Für Haus er haben großen, großen Felsen. Er leben oben auf Berg. Er haben Haus auf großem Felsen.«

»Wie viele Häuser hast du gesehen?«

»Ich sehen drei, Sah. Aber nie machen fertig ein Haus, Sah.«

»Was bedeutet diese Aufregung?« fragte Jacquie, die eben auf die Veranda herauskam.

»Picathartes«, sagte ich kurz. Und es spricht für sie, daß sie sofort wußte, worum es ging.

Picathartes ist ein Vogel, den man bis vor wenigen Jahren nur von einzelnen ausgestopften Museumsexemplaren her kannte. Kaum mehr als zwei Europäer hatten ihn in der Natur beobachtet. Cecil Webb, seinerzeit offizieller Tierfänger des Londoner Zoos, gelang es, das erste Exemplar dieses seltenen Vogels zu fangen und mit nach England zu bringen. As ich sechs Monate nach ihm in Kamerun war, hatte man mir zwei erwachsene Exemplare gebracht; doch leider starben sie auf der Heimreise an einer bösartigen Lungenkrankheit. Jetzt hatte Elias eine Brutkolonie entdeckt. Wenn wir Glück hatten, mußte es uns gelingen, einige Junge zu fangen und aufzuziehen.

»Dieser Vogel hat Junge im Haus?« fragte ich Elias.

»Manchmal er haben Junge, Sah«, antwortete er zögernd. »Ich Vogel nie sehen im Haus. Ich fürchten, er wegfliegen.«

»Also«, sagte ich und wandte mich an Jacquie, »da gibt es nur eins, ich muß nach Eshobi gehen und selbst nachsehen. Du und Sophie, ihr bleibt hier und kümmert euch um die Sammlung, Bob werde ich mitnehmen. Wir werden ein paar Tage lang nach dem Picathartes ansitzen. Selbst, wenn sie keine Jungen haben, möchte ich sie in der Natur beobachten.«

»Gut. Wann werdet ihr aufbrechen?« fragte Jacquie.

»Morgen, wenn ich bis dahin Träger bekomme. Rufe Bob und sage ihm, daß wir endlich in den Busch gehen werden; sag ihm auch, er solle seine Ausrüstung zum Schlangenfangen mitnehmen.«

Am nächsten Morgen also, als es noch verhältnismäßig kühl war, erschienen acht Afrikaner vor John Hendersons Haus. Nach dem üblichen Gezänk, wer was tragen sollte, luden sie unsere Bündel auf ihre wolligen Köpfe und machten sich auf den Weg nach Eshobi. Als wir den Fluß überquert hatten, führte der Weg die kleine Kavalkade durch das Grasfeld unserer vergeblichen Schlangenjagd. Dann versanken wir im geheimnisvollen Dunkel des Waldes. Der Pfad nach Eshobi wandte und schlängelte sich durch die Bäume in unzähligen verschlungenen Windungen, die einen römischen Straßenbaumeister entsetzt hätten. Manchmal führte er beinahe im Kreis herum, um einem großen Felsen oder einem gefallenen Baum auszuweichen. Dann wieder lief er schnurgerade über alle diese Hindernisse hinweg, und unsere Träger mußten anhalten und die Lasten von Hand zu Hand über den Baumstamm heben oder von einer kleinen Klippe hinunterreichen. Ich hatte Bob darauf vorbereitet, daß wir kaum »wilde« Tiere auf unserem Marsch antreffen würden. Doch hielt ihn das nicht davon ab, jeden morschen Baumstumpf zu attakkieren, in der Hoffnung, irgendein seltenes Tier aus seinem Innern herauszuholen. Es ärgert mich immer wieder, von dem gefährlichen tropischen Urwald zu hören oder zu lesen, in dem es angeblich von wilden Tieren nur so wimmelt. Zum einen ist der tropische Urwald nicht gefährlicher als der Schwarzwald im Hochsommer, und zum andern wimmelt es dort nicht von wilden Tieren, derart, daß hinter jedem Busch eine wütende Bestie sitzt, die darauf wartet, einen anzuspringen. Natürlich gibt es Tiere. Doch gehen sie dem Menschen vernünftigerweise aus dem Wege. Ich möchte denjenigen sehen, der nach einem Marsch durch den Wald nach Eshobi für die »wilden Tiere«, die ihm begegnet sind, alle seine Finger zum Abzählen braucht. Wie schön wäre es für mich, wenn diese Märchen wahr wären. Wie schön wäre es, wenn jeder Busch einen »wilden Bewohner des Waldes« beherbergte, der darauf wartet, einen anzuspringen. Die Arbeit eines Tierfängers wäre viel leichter.

Die einzigen wilden Lebewesen entlang des Eshobi-Pfades waren Schmetterlinge, und auch sie zeigten keine Lust, uns anzugreifen. Am Boden jeder kleinen Talsohle, in die der Pfad eintauchte, befand sich ein winziges Flüßchen. Auf den feuchten, schattigen Ufern entlang dem klaren Wasser saßen diese Schmetterlinge in Scharen. Von weitem schien das Flußufer zu opalisieren, die Farben wechselten von flammenrot zu weiß, von himmelblau zu violett und purpurrot, wenn die Insekten wie im Trancezustand die Flügel langsam öffneten und schlossen, als applaudierten sie dem kühlen Schatten. Die braunen, kräftigen Beine unserer Träger wateten gleichgültig hindurch, so daß wir plötzlich bis zur Taille in einem wirbelnden Farbkarussell standen. Die Schmetterlinge gaukelten und schwärmten um uns herum und ließen sich, wenn wir vorüber waren, wieder auf dem dunklen Boden nieder, der üppig und feucht wie eine Obsttorte und ebenso duftig und locker war.

Ein weitausladender alter Baum markierte die erste Weghälfte nach Eshobi. Er war so in ein Netz von verschlungenen Lianen eingesponnen, daß man ihn kaum sah. Hier war Rastplatz. Die Träger, die den Atem grunzend und zischend durch die Zähne stießen, luden ihre Lasten ab und hockten sich neben sie. Der Schweiß glänzte auf ihrer Haut. Ich reichte Zigaretten herum. Wir saßen da und genossen sie schweigend. In dem trüben, kirchenähnlichen Dämmer des Waldes bewegte sich nicht ein Lüftchen; der Rauch stieg kerzengerade auf und formte in der Luft blaue Säulen. Es gab nur ein Geräusch, den unablässigen kreissägeartigen Gesang der großen grünen Zikaden, die an jedem Baum hingen. In der Ferne hörte man das trunkene Geschrei eines großen Schwarms Hornvögel.

Beim Rauchen beobachteten wir die braunen Skinke, die zwischen den Baumwurzeln jagten. Diese kleinen Echsen sehen immer sauber und glänzend aus, als wären sie eben aus einer Schokoladenmasse gestiegen — glitzernd und unberührt. Sie bewegten sich langsam und vorsichtig, gerade als fürchteten sie, ihre wunderschöne Haut zu beschmutzen. Mit blanken Augen lugten sie von einer Seite zur anderen, wenn sie durch die Welt der braunen toten Blätter glitten, durch Wälder winziger Giftpilze und Mooswiesen, die wie ein Teppich die Steine bedeckten. Ihre Beute waren die zahllosen Bewohner des Waldbodens; kleine schwarze Käfer, die wie verspätete Trauergäste dahereilten; die langsamen, leichtgleitenden Waldschnecken, die ein Silberfiligran von Schleim über die Blätter woben, und die kleinen, nußbraunen Grillen, die im Schatten hockten und ihre ungeheuer langen Fühler hin und her bewegten, wie Sonntagsfischer an einem Flußufer.

In den dunklen, feuchten Vertiefungen zwischen den Brettwurzeln unseres Baumes lebten Schwärme einer Insektenart, die mich stets fasziniert hatten. Sie sahen aus wie kleine schlafende Langbeiner und hatten undurchsichtige, nebelweiße Flügel. In Gruppen zu zehn saßen sie da, zitterten leicht mit den Flügeln und bewegten die zerbrechlichen Beine wie nervöse Pferde auf und nieder. Wenn man sie störte, schwärmten sie auf und tanzten einen Reigen, der sehr amüsant zu beobachten war. Sie stiegen etwa 20 Zentimeter auf und bildeten einen Kreis von der Größe einer Untertasse. Dann flogen sie ungeheuer geschwind im Kreis herum. Einige schossen über ihn hinaus, während die übrigen weiter wie ein Rad herumwirbelten. Aus der Entfernung wirkte das Ganze fast überirdisch, denn die Insekten glichen einem wirbelnden und schimmernden Nebelball, der von Zeit zu Zeit seine Form etwas veränderte, aber stets an der gleichen Stelle verharrte. Die Tiere flogen so schnell, und ihre Leiber waren so zierlich, daß man nur den Schimmer ihrer weißen Flügel erkennen konnte. Ich gestehe, dieses Schauspiel begeisterte mich so, daß ich im Walde oft vom Wege abging, um Gruppen dieser Insekten aufzustöbern, damit sie für mich tanzten.

Zu Mittag kamen wir in Eshobi an, das sich in den acht Jahren seit meinem letzten Hiersein kaum verändert hatte. Da stand immer noch das Häufchen strohgedeckter Hütten in zwei unregelmäßigen Reihen, zwischen denen ein breiter, staubiger Weg lag. Dieser Weg war zugleich Hauptstraße des Dorfes, Spielplatz für Kinder und Hunde und Auslauf für die Hühner. Elias kam uns entgegengewatschelt, um uns zu begrüßen. Dabei mußte er sich vorsichtig einen Weg durch die herumkriechenden Babies und anderen Lebewesen suchen. Zwei kleine Jungen mit zwei großen grünen Kokosnüssen auf dem Kopf folgten ihm.

»Willkommen, Masa. Du kommen«, rief er heiser.

»Wie geht's Elias«, antwortete ich. Fröhlich grinste er uns an, als die Träger unsere Ausrüstung über die Dorfstraße verteilten.

»Masa trinken diese Kokosnuß?« fragte er erwartungsvoll und schwenkte dabei seine Machete.

»Ja, gern«, sagte ich und betrachtete dabei durstig die beiden riesigen Nüsse.

Elias setzte sich in Bewegung. Man holte zwei wacklige Stühle herbei, auf die Bob und ich an einem schattigen Fleck inmitten der Dorfstraße plaziert wurden. Tief beeindruckt und höflich schweigend standen die Eshobiten um uns herum. Mit raschen, genauen Schnitten seiner Machete entfernte Elias die dicke Schale der Nuß. Als die Spitzen freigelegt waren, schnitt er sie beide geschickt ab und überreichte sie uns sauber geöffnet, so daß wir den süßen, kühlen Saft trinken konnten. Jede Nuß enthielt ungefähr zweieinhalb Glas durstlöschenden, hygienisch versiegelten Nektars, und wir kosteten jeden Schluck aus.

Nach der Rast mußten wir unseren Lagerplatz einrichten. Etwa 200 Meter vom Dorf entfernt gab es ein Flüßchen, an dessen Ufern wir eine Stelle aussuchten, die nicht schwer herzurichten war. Mit Macheten bewaffnet, schnitten einige von uns alle kleinen Büsche und Reiser ab; andere ebneten mit kurzstieligen, breitklingigen Hacken die rote Erde. Nach den üblichen afrikanischen Ausbrüchen, Beschimpfungen, Sitzstreiks und kleineren Zänkereien, war das Gebiet schließlich bearbeitet und glich nun einem schlecht gepflügten Acker. Wir konnten unsere Zelte aufbauen. Während das Essen zubereitet wurde, gingen wir zum Fluß hinunter und wuschen in dem eisigen Wasser Schmutz und Staub von unseren Gliedern. Dabei beobachteten wir, wie uns die rosa und braunen Krabben zwischen den Steinen mit ihren Scheren zuwinkten. Wir fühlten, wie winzige lichtblaue und rote Fische zärtlich an unseren Zehen nuckelten. Erfrischt gingen wir zurück ins Lager, wo langsam Ordnung eintrat. Nach dem Essen kam Elias und hockte sich in den Schatten unseres Zeltes. Jetzt konnten wir unsere Jagdpläne besprechen.

»Wann sehen wir diesen Vogel, Elias?« fragte ich.

»Eh, Masa wissen, jetzt zu heiß. Jetzt Vogel suchen Essen in Busch. Am Abend, wenn kalt, er kommen nach Hause und arbeiten. Dann wir gehen sehen.«

»Gut, dann kommst du zurück um 4 Uhr, hörst du? Dann sehen wir diesen Vogel, eh?«

»Ja, Sah«, sagte Elias und stand auf.

»Und wenn du nicht die Wahrheit sprichst, wenn wir diesen Vogel nicht sehen, wenn du Spaß machst, werde ich dich erschießen, Buschmann, hörst du?«

»Eh«, rief Elias kichernd, »ich nie machen Spaß mit Masa, ich sprechen wahr.«

»Nun, bis bald.«

»Ja, Sah.« Elias zog den Sarong um seine massiven Hüften und trabte zum Dorf zurück.

Um 4 Uhr war die Sonne hinter den höchsten Waldbäumen verschwunden. Die dämmrige, warme Ruhe des Abends lag in der Luft. Elias kam zurück. Anstelle seines grellbunten Sarongs hatte er jetzt einen viel zu kleinen, schmutzigen Fetzen um die Lenden geschlungen. Nachlässig winkte er mit der Machete. »Ich sein gekommen, Masa«, verkündete er. »Masa fertig?«

»Ja«, sagte ich und band Feldstecher und Fangsack um, »auf geht's, Jägersmann.«

Elias führte uns die staubige Hauptstraße hinunter und bog dann plötzlich in einen kleinen Pfad zwischen den Hütten ein. Dieser Pfad führte auf ein Fleckchen Ackerland, das von federblättrigen Casava-Büschen und staubigen Bananenpflanzen übersät war. Unvermittelt tauchte der Pfad in einen kleinen Fluß und wand sich dann in den Wald. Noch auf der Dorfstraße hatte Elias mir einen Hügel gezeigt, auf dem der Picathartes leben soll. Es sah zwar so aus, als sei er ganz nahe, doch wußte ich zu genau, wie leicht das täuschte. Der Kamerunwald ist wie Alices Spiegelgarten. Das Ziel scheint dir vor der Nase zu liegen, doch wenn du darauf zugehst, weicht es aus. Manchmal mußt du, genau wie Alice im Wunderland, in die entgegengesetzte Richtung marschieren, damit du überhaupt hinkommst.

Genauso war es mit diesem Hügel. Der Pfad führte nicht etwa gerade darauf zu, nein, er wand sich aufs Gratewohl durch den Wald, so daß ich schließlich glaubte, ich habe den falschen Hügel gesehen. Da endlich begann der Pfad entschlossen anzusteigen. Wir hatten offensichtlich den Fuß des Hügels erreicht. Elias wich vom Wege ab und hackte sich mit seiner Machete einen Pfad durch Lianen und Dornbüsche. Dabei zischte er leise durch die Zähne. Seine Füße huschten geräuschlos über den weichen Waldboden. Sehr bald arbeiteten wir uns einen Pfad hinauf, der so steil war, daß meine Augen oft in gleicher Höhe mit Elias Füßen waren.

Die meisten Hügel und Berge Kameruns sind eigentümlich geformt und für den Bergsteiger ermüdend. Es sind uralte vulkanische Eruptionen, die von den unterirdischen Kräften ungleichmäßig nach oben geschleudert worden sind. Dieser Entstehung verdanken sie ihre seltsamen, erstaunlich geometrischen Formen. Da gibt es fehlerlose gleichschenklige Dreiecke, spitze Winkel, kegel- und würfelförmige Hügel; die Formen sind so mannigfaltig, daß es keinen Menschen wundern würde, wenn er die schwierigsten und unverständlichsten Lehrsätze des Pythagoras darunter fände.

Der Hügel, den wir jetzt erklommen, war ein fast regelmäßiger Kegel. Nach einer Strecke Wegs meinte man, er sei viel steiler, als er zuerst ausgesehen hatte, und nach einer Viertelstunde glaubte man, das Gelände stiege im Verhältnis eins zu eins. Elias erklomm den Hügel, als ginge er auf einer ebenen Schotterstraße; geschickt duckte und wand er sich zwischen den Zweigen und dem überhängenden Unterholz hindurch. Bob und ich folgten ihm schwitzend und keuchend, manchmal auf allen Vieren, um mit ihm Schritt zu halten. Gerade unterhalb des Gipfels flachte sich die Böschung zu unserer Erleichterung ab. Durch das Gewirr der Bäume konnten wir vor uns ein 15 Meter hohes Granitkliff erkennen, das mit Farnen und Begonien bewachsen war. An seinem Fuß lag verstreut eine Masse großer, vom Wasser geglätteter Felsblöcke.

»Dies sein Platz, Masa«, sagte Elias und plazierte sein fettes Hinterteil auf einem Fels.

»Endlich«, sagten Bob und ich wie aus einem Munde. Wir setzten uns ebenfalls hin, um wieder zu Atem zu kommen.

Als wir uns ausgeruht hatten, führte uns Elias durch den Irrgarten von Felsblöcken bis zu einer Stelle, wo sich das Kliff über die darunterliegenden Felsen vorwölbte. Wir gingen eine Weile unter diesem Überhang dahin, bis Elias plötzlich anhielt.

»Das ist sein Haus, Masa«, sagte er. Dabei grinste er voller Stolz und zeigte seine schönen Zähne. Er wies in die Höhe zu der Felswand, und da sah ich, etwa drei Meter über uns, das Nest eines Picathartes.

Auf den ersten Blick glich es einem großen Schwalbennest aus rötlichbraunem Schlamm und winzigen Wurzeln. In den Lehm der unteren Seite waren längere Wurzeln und Grashalme hineingewoben, die wie ein Bart herunterhingen. Es war schwer zu beurteilen, ob dies von unsauberer Arbeit des Vogels herrührte oder den Zweck der Tarnung hatte. Selbstverständlich verbarg der herunterhängende Bart das Nest, das an der verwitterten Felswand klebte und einem Büschel aus Schlamm und Gras glich. Das Nest war so groß wie ein Fußball und durch den Felsüberhang gegen Regen geschützt. Zuerst mußten wir einmal nachsehen, ob das Nest bewohnt war. Zu unserem Glück wuchs gegenüber ein großer, schlanker Baum, auf den wir kletterten und in das Innere des Nestes spähten. Leider stand es leer, jedoch für die Ablage von Eiern bereit; denn es war mit feinen Wurzeln ausgelegt, die der Vogel zu einer federnden Matte verwoben hatte. In einiger Entfernung fanden wir noch zwei Nester, von denen das eine dem vorigen glich und das andere erst halbfertig war. Junge oder Eier entdeckten wir nicht.

»Wenn wir uns verstecken kurze Zeit, dieser Vogel kommen«, meinte Elias.

»Bist du sicher?« fragte ich zweifelnd.

»Ja, Sah, wirklich, Sah.«

»Gut, wir warten kurze Zeit.«

Elias führte uns zu einer Höhle, die aus dem Kliff herausgewaschen und deren Öffnung von einem Felsblock verschlossen war. Hinter diesen natürlichen Vorhang kauerten wir uns. Wir konnten die Front der Klippe mit den Nestern deutlich erkennen, während uns selbst die Felsen vollständig verdeckten. Wir warteten.

Die Sonne stand schon tief am Himmel, und es wurde recht dunkel im Walde. Durch das Geflecht von Blättern und Lianen über uns schimmerte der Himmel grün mit goldenen Flecken. Man konnte meinen, man sähe einen riesigen Drachen durch die Bäume. Die typischen Abendgeräusche des Waldes waren jetzt zu hören. In der Ferne vernahm man das anhaltende Lärmen eines Trupps Mona-Affen, die auf dem Weg zum Nachtlager von einem Baum zum anderen sprangen; es klang wie die schwere Brandung an felsiger Küste, durch gelegentliche »Oink-oink«-Schreie der Affen unterbrochen. Sie kamen irgendwo am Fuß des Hügels unter uns vorbei, doch konnten wir sie durch das dichte Buschwerk nicht sehen. Den Affen folgten wie üblich die Hornvögel. Wir hörten ihre ungewöhnlich lauten Flugbewegungen, wenn sie von Baum zu Baum flogen. Zwei Vögel des Schwarms warfen sich in die Zweige über uns. Wir erkannten ihre Silhouette gegen den grünen Himmel. Sie waren in eine lange und komplizierte Unterhaltung vertieft, nickten und wiegten die Köpfe, sperrten die großen Schnäbel auf und schrien und jammerten hysterisch. Die phantastischen Köpfe mit den wurstförmigen Helmen und den riesigen Schnäbeln hoben sich gegen den Himmel ab wie geisterhafte Teufelsmasken aus einem ceylonesischen Tanz.

Das nicht endenwollende Insektenkonzert hatte sich mit dem Anbruch der Dunkelheit vertausendfacht, und das Tal unter uns schien davon zu vibrieren. Irgendwo begann ein Laubfrosch seinen Gesang mit einem langen, trillernden Ton, auf den eine Pause folgte, als ob er mit einem winzigen Luftbohrer ein Loch durch den Baum bohre und hin und wieder anhalten müsse, um sein Instrument auskühlen zu lassen. Plötzlich hörte ich ein neues Geräusch, einen Ton, den ich nie zuvor wahrgenommen hatte. Fragend blickte ich zu Elias hinüber. Er hatte sich gerade aufgerichtet und spähte in das dämmrige Lianen-Blättergeflecht um uns herum.

»Na, was ist das?« flüsterte ich.

»Vogel, Sah.«

Der erste Schrei kam von weit unterhalb des Hügels, ihm folgte ein zweiter, viel näherer. Ich kann den seltsamen Ton nur sehr mangelhaft beschreiben, es klang wie das plötzliche scharfe Japsen eines Pekinghündchens, nur flötenähnlicher und klagender. Wieder und wieder hörten wir den Schrei. Den Vogel jedoch konnten wir nicht sehen. Angespannt starrten wir durch das Dunkel.

»Meinst du, daß es der Picathartes ist?« flüsterte Bob.

»Ich weiß nicht . . . ich habe diesen Ton noch nie gehört.«

Eine Weile hörten wir nichts. Dann plötzlich klang es nahe. Unbeweglich lagen wir hinter unserem Felsen. Dicht vor uns stand ein neun Meter hoher Baum, von dem Gewicht einer Liane gebeugt, die sich wie ein dickes Seil um ihn herumschlang. Der Hauptstamm war durch das Gezweig eines noch näher stehenden Baums verborgen. Während alles um uns herum dämmrig und verschwommen blieb, stand dieser junge Baum, von der ihn erstickenden Liane liebevoll umschlungen, in den letzten Strahlen der untergehenden Sonne, die das ganze Arrangement wie ein übergenau gemaltes Gemälde hervortreten ließ. Und dann erschien plötzlich auf dieser kleinen Bühne ein wirklicher, lebender Picathartes.

Ich sage »plötzlich« und meine es auch so. Im tropischen Wald nähern sich Tiere und Vögel im allgemeinen so lautlos, daß sie plötzlich, unerwartet, wie von Zauberhand hervorgebracht, vor einem auftauchen. Die dicke Liane hing in einer riesigen Schlinge vom Wipfel des Baumes herab. Auf dieser Schlinge trat der Vogel in Erscheinung, leicht schwingend, den Kopf zur Seite gewandt, als lausche er. Es ist immer erregend, ein Tier in seiner natürlichen Umwelt zu beobachten. Hat man gar eine Seltenheit vor sich, ein Geschöpf, das bisher höchstens ein Dutzend Menschen gesehen hat, ist man völlig gebannt und verzaubert. Bob und ich lagen da und starrten heiß und begierig auf den Vogel, wie ein paar Philatelisten, die in einem Kinderalbum eine blaue Mauritius entdeckt haben.

Der Picathartes war ungefähr so groß wie eine Dohle, sein Körper hatte jedoch die rundlichen, geschmeidigen Formen einer Amsel. Er hatte lange, kräftige Beine und große, offensichtlich scharfe Augen. Die Brust war von zartem, sahnigem Chamois. Der Rücken und der lange Schwanz hatten ein wunderbar blasses, leicht eingestaubtes Schiefergrau. Das Ende der Schwingen war schwarz. Dieses Schwarz unterstrich raffiniert die Farbe der Brust und des Rückens. Am meisten zog der Kopf den Blick an und ließ ihn nicht wieder los. Stirn und Scheitel dieses völlig kahlen Schädels zeigten ein lebhaftes Himmelblau, der Hinterkopf ein rosiges, leuchtendes Krapprot, Seiten und Wangen waren schwarz. Im allgemeinen wirkt ein kahlköpfiger Vogel ziemlich aufreizend; man meint, er litte an einer schweren, unheilbaren Krankheit. Picathartes jedoch mit seinem dreifarbigen Kopf sah großartig aus, es schien, als trage er eine Krone.

Als er einige Minuten auf der Liane gehockt hatte, flog er auf den Boden und sprang mit gewaltigen Sprüngen zwischen den Felsen hin und her. Diese Sprünge glichen eigentlich gar nicht denen eines Vogels. Picathartes schien dabei in die Luft zu schnellen, als wären seine kräftigen Beine Sprungfedern. Dann entschwand er unseren Blicken, und wir hörten seinen Ruf, der fast augenblicklich von einem zweiten auf dem Kliff beantwortet wurde. Als wir aufsahen, erblickten wir einen Picathartes auf dem Zweig über uns. Er äugte auf die Nester an der Vorderseite des Kliffs. Plötzlich drehte sich der Vogel abwärts und ließ sich auf einem der Nester nieder; er sah umher und beugte sich vor, um eine winzige, haarfeine Wurzel ordentlich zu biegen, die·nicht am richtigen Fleck zu sein schien. Dann sprang er in die Luft — ich kann es nicht anders nennen — und schwang sich den Hügel hinab in den düsteren Wald hinein. Der zweite Picathartes kam zwischen den Felsen hervor und folgte ihm. Kurz darauf hörten wir ihre klagenden Rufe.

»Ah«, sagte Elias; er stand auf und streckte sich. «Er fort.«

»Er kommt nicht zurück?« fragte ich und knuffte dabei mein Bein, das eingeschlafen war.

»Nein, Sah. Er gehen in Busch zu dickem Stamm und schlafen. Morgen er kommen zurück und arbeiten an diesem Haus.«

»Gut, dann können auch wir nach Eshobi gehen.«

Der Abstieg ging wesentlich schneller als der Anstieg. Unter dem dichten Baldachin der Bäume war es jetzt so dunkel, daß wir wieder und wieder den Pfad verfehlten und lange Strecken den Hügel hinabrutschten. Verzweifelt griffen wir nach Bäumen und Wurzeln, um unser Tempo zu stoppen. Zerschunden, zerkratzt und mit Laub bedeckt, langten wir endlich auf dem Eshobi-Boulevard an. Ich war überglücklich, endlich einen lebenden Picathartes in seiner eigenen Umgebung gesehen zu haben, doch gleichzeitig enttäuscht, denn ich wußte, daß wir kaum einen Jungen würden fangen können. Darum war es sinnlos, noch länger in Eshobi zu bleiben und besser, am nächsten Morgen nach Mamfe zurückzukehren. Auf dem Rückweg konnten wir vielleicht einige andere Tiere fangen. Eine der vielversprechenden Möglichkeiten, in Kamerun Tiere zu fangen, ist die, hohle Bäume auszuräuchern. Ich hatte auf dem Weg nach Eshobi mehrere hohle Baumriesen entdeckt, die eine genauere Untersuchung lohnen würden.

Zeitig packten wir am nächsten Morgen unsere Siebensachen

zusammen und schickten die Träger damit voraus. Bob und ich, Elias und drei weitere Jäger aus Eshobi folgten ihnen langsam nach.

Unser erster Baum stand etwa fünf Kilometer von Eshobi entfernt ziemlich nahe am Weg; er war 30 bis 40 Meter hoch und hohl wie eine Trommel. Einen Baumstamm auszuräuchern ist eine Kunst für sich und eine langwierige und manchmal schwierige Arbeit. Vor dem Ausräuchern sollte man womöglich untersuchen, ob sich die Mühe lohnt. Hat der Baum an seinem Fuß ein Loch — und die meisten haben eins — so ist das verhältnismäßig einfach. Man braucht nur den Kopf hineinzustecken, während ein anderer mit einem Stock gegen den Stamm schlägt. Sind Tiere in dem Baum, wird man sie unruhig hin- und herlaufen hören. Sollte man sie etwa nicht hören, zeigen sie ihre Anwesenheit durch einen Regen staubigen, verrotteten Holzes an, der im Stamm herunterrieselt. Ist man sicher, daß sich weitere Mühe lohnt, muß man den Stamm mit Feldstechern nach möglichen Löchern, aus denen die Tiere entweichen können, absuchen und sie mit Netzen bedecken. Dann wird ein Mann in den Baum gesetzt, um jedes Tier, das oben herauskommen will, zu schnappen. Ebenso müssen die Löcher am Fuß des Baumes mit Netzen verschlossen werden. Die heikelste Angelegenheit ist das Entzünden des Feuers. Da das Innere solcher Bäume meistens morsch ist und wie Zunder brennt, muß man sehr vorsichtig zu Werke gehen, damit nicht etwa der ganze Baum in Flammen steht. Zuerst entfacht man aus trockenen Zweigen, Moos und Blättern ein kleines Feuerchen; sobald es hell brennt, bedeckt man es nach und nach mit immer größeren Mengen grüner Blätter, damit die Flamme nicht auflodert, sondern nur glimmt, und ein dicker, stechender Rauch aufsteigt, der von dem hohlen Baum wie ein Kamin hochgesaugt wird. Dabei kann nun alles mögliche passieren und für gewöhnlich geschieht auch alles mögliche; denn diese hohlen Bäume beherbergen oft eine teuflische Vielfalt von Einwohnern — von fauchenden Kobras bis zu Zibetkatzen, von Riesenschlangen bis zu Fledermäusen. Deshalb ist es eines der

Hauptvergnügen beim Ausräuchern, daß man nie weiß, was alles zum Vorschein kommt.

Unser erster Baum war nicht besonders ertragreich. Ans Tageslicht kamen eine Handvoll blattnasiger Fledermäuse, mit Gesichtern, die unseren Wasserspeiern erstaunlich ähneln, drei riesige Tausendfüßler, die wie Frankfurter Würstchen mit einer Franse aus Beinen aussahen, und eine kleine Haselmaus, die einen der Jäger in den Daumen biß und dann ausrückte. Wir nahmen also die Netze wieder ab, löschten das Feuer und zogen weiter. Der nächste Baum war bedeutend größer und hatte einen unheimlichen Umfang. An seinem Fuß klaffte ein riesiger Spalt von der Größe einer Kirchentür, so daß vier Mann bequem im dunklen Innern des Stammes stehen konnte. Als Antwort auf die Schläge mit der Machete kamen undeutliche, schlurrende Geräusche, und ein Schauer von Staub und morschem Holz fiel auf unsere nach oben gerichteten Gesichter und in unsere Augen. Der Baum war offensichtlich bewohnt. Das schwierigste war jetzt, einen Jäger in die Spitze des Baumes zu bringen, damit er die Löcher mit Netzen bedecken konnte, denn der Stamm ragte fast 50 Meter in den Himmel und war glatt wie ein Spazierstock. Schließlich knüpften wir unsere drei Strickleitern aneinander und banden eine dünne, aber starke Schnur ans Ende. Wir beschwerten die Schnur mit einem Stein und schleuderten sie in den Blätterhimmel, bis uns die Arme schmerzten, als sie endlich über einen Ast fiel, so daß wir die Leitern hochziehen und absichern konnten. Als alle Löcher im Baum mit Netzen bedeckt waren, entzündeten wir unser Feuer und harrten der Dinge, die da kommen sollten.

Im allgemeinen muß man etwa fünf Minuten warten, bis der Rauch in alle Fugen gedrungen ist und bis sich etwas rührt. Diesmal dauerte es kaum einen Augenblick. Zuerst kamen zwei seekrank aussehende Wesen zum Vorschein, die man Geißelskorpione nennt. Mit den langen, angewinkelten Beinen von der Spannweite eines Suppentellers, sahen sie wie eine Gespensterspinne aus, die von einer Dampfwalze überfahren und dünn wie ein Blatt Papier ausgewalzt wurde.

Ihre Gestalt erlaubt ihnen, in Fugen und Spalten zu kriechen, die jedem anderen Lebewesen versperrt sind. Außerdem gleiten sie in einem unbegreiflichen Tempo über den Stamm, als sei er glatt wie eine Eisbahn. Die schnellen, geräuschlosen Bewegungen und der Wald von Beinen machen sie so abstoßend. Man schreckt unwillkürlich vor ihnen zurück, auch wenn man weiß, daß sie ganz harmlos sind. Als die erste wie hervorgezaubert aus einem Ritz kroch und über meinen bloßen Arm huschte, den ich an den Stamm gelehnt hatte, war die Wirkung auf mich, gelinde gesagt, außerordentlich demoralisierend. Kaum hatte ich mich von dem Schrecken erholt, als die anderen Bewohner des Baumes geschlossen ihre Behausung verließen. Fünf fette graue Fledermäuse flogen mit bösem Zwitschern und wutverzerrten Gesichtern in die Netze. Ihnen folgten zwei grüne Waldeichhörnchen mit hellbraunen Ringen um die Augen. Sie stießen schrille, zornige Schreie aus, als sie in den Maschen des Netzes herumrollten, und wir sie daraus zu befreien versuchten, ohne gebissen zu werden. Dann kamen sechs Haselmäuse, zwei große grünliche Ratten mit orangefarbenen Nasen und Hinterteilen und eine schlanke grüne Baumschlange mit riesengroßen Augen, die mit leicht beleidigtem Gesichtsausdruck unbeeindruckt durch die Maschen des Netzes glitt und im Gebüsch verschwand, bevor wir überhaupt daran denken konnten, sie zu fangen. Der Lärm und das Durcheinander waren unbeschreiblich. Die Afrikaner tanzten durch den treibenden Rauch, riefen sich Anweisungen zu, die niemand hörte und verstand, schrien voller Angst, wenn sie gebissen wurden, traten sich gegenseitig auf die Füße und schlugen in wildem Durcheinander mit ihren Stöcken und Macheten um sich, ohne sich im geringsten vorzusehen. Der Mann im Wipfel hatte sein Privatvergnügen. Er schrie, bellte und sprang in den Ästen herum, daß ich befürchtete, ihn jeden Augenblick herunterfallen zu sehen. Unsere Augen troffen, die Lungen waren voller Rauch, und der Fangsack war mit einer krabbelnden, springenden Last von Tieren gefüllt.

Schließlich war der letzte Bewohner des Baumes zum Vorschein gekommen und das Feuer erloschen. Wir konnten eine Zigarettenpause einlegen und unsere Verletzungen begutachten und bewundern. Als wir gerade dabei waren, ließ der Mann in der Baumspitze zwei Säcke herunter, bevor er selbst abstieg. Ich nahm die Säcke sorgfältig in Empfang, ohne zu wissen, was sie enthielten, und fragte den Mann, wie er da oben zurechtgekommen sei.

»Was ist in dem Sack?« fragte ich.

»Fleisch, Masa«, antwortete er vielsagend.

»Ich weiß, Buschmann, aber welche Sorte Fleisch hast du?«

»Eh, ich nicht wissen, wie Masa Fleisch nennen. So, so Ratte, aber haben Flügel. Und da sein Fleisch in Sack, haben Augen groß wie Mensch, Sah.«

Plötzlich war ich wie elektrisiert. »Er hat Hand wie Ratte oder Hand wie Affe?« schrie ich.

»Wie Affe, Sah.«

»Was gibt's?« fragte Bob interessiert, als ich an der Schnur herumknotete, mit der der Sack zugebunden war.

»Ich weiß es nicht genau, aber ich glaube, wir haben ein Buschbaby . . . wenn es stimmt, kann es nur eins von zwei Arten sein, und beide sind selten.«

Nach einem endlos scheinenden Kampf mit der Schnur hatte ich den Sack geöffnet. Aus dem Innern blickten mich zwei große goldfarbene Augen aus einem kleinen, zierlichen Gesicht an, dessen riesige Ohren wie Fächer an den Seiten des Kopfes angelegt waren. Diese Augen betrachteten mich mit dem entsetzten Ausdruck einer alten Jungfer, die in der Badewanne sitzt und einen Mann im Schrank entdeckt hat. Das Wesen hatte große, menschenähnliche Hände mit langen, schlanken und knochigen Fingern. Alle Finger mit Ausnahme des Zeigefingers liefen in einen kleinen flachen Nagel aus, der sorgfältig maniküt schien. An den Zeigefingern jedoch trug das Tier eine gebogene Kralle, die an einer so menschenähnlichen Hand unangebracht wirkte.

»Was ist das?« fragte Bob, als er sah, daß ich mit einem fast seligen Ausdruck auf das Geschöpf starrte.

»Dies«, sagte ich erregt, »ist ein Tier, das ich versucht habe, zu fangen, sooft ich in Kamerun war. Es ist ein *Euoticus ele-gantulus*, oder, wie es seine Freunde nennen, ein nadelklau-iger Maki, kurz ein Buschbaby. Das Tier ist sehr selten. Wenn ich es heil und gesund nach England bringen kann, wird es das erste sein, das überhaupt nach Europa kommt.«

»Menschenskind«, sagte Bob, tief beeindruckt.

Ich zeigte Elias das kleine Wesen. »Du kennst dies ›Fleisch‹?«

»Ja, Sah. Ich kennen.«

»Diese Sorte wünsche ich zu sehr, wenn du mehr fängst, zahle ich ein Pfund. Hörst du?«

»Ich hören, Sah. Aber Masa wissen, diese Sorte Fleisch kom-men heraus in Nachtzeit. Dieses Fleisch du müssen suchen mit Jägerlicht.«

»Ja, ich weiß; aber du sagst allen Leuten in Eshobi, ich zahle ein Pfund für dieses Fleisch, hörst du?«

»Ja, Sah. Ich ihnen sagen.«

»Jetzt aber«, sagte ich zu Bob, während ich den Sack mit dem kostbaren »Fleisch« sorgfältig verschnürte, »schnell zurück nach Mamfe, damit wir das Tier in einen anständigen Käfig sperren und es richtig ansehen können.«

Wir packten alle unsere Sachen ein und marschierten in ra-schem Tempo durch den Wald auf Mamfe zu. Wir hielten öf-ter an, um uns zu vergewissern, ob unser kostbarer Fang ge-nügend Luft bekam und nicht etwa von einem bösen Juju hinweggezaubert worden war. Gegen Mittag kamen wir in Mamfe an. Wir stürzten ins Haus und riefen nach Jacquie und Sophie, damit sie unsere Kostbarkeit bewunderten. Vor-sichtig öffnete ich den Sack. Euoticus elegantulus streckte den Kopf heraus und betrachtete uns der Reihe nach mit seinen riesigen, starrenden Augen.

»Oh, wie süß«, sagte Jacquie.

»Wie lieb«, summte Sophie.

»Ja«, sagte ich stolz, »es ist ein . . .«

»Wie sollen wir es nennen?« fragte Jacquie.

»Wir müssen uns einen netten Namen dafür ausdenken«, sagte Sophie.

»Es ist ein außergewöhnlich seltener ...«, versuchte ich wieder.

»Was meint ihr zu Bubbles?« schlug Sophie vor.

»Nein, er sieht nicht wie Bubbles aus«, sagte Jacquie und musterte ihn kritisch.

»Es ist ein Euoticus ...«

»Oder Mooney?«

»Nein, auch wie ein Mooney sieht er nicht aus.«

»Kein europäischer Zoo hat je ...«

»Wie wäre es mit Fluffykins?«

Mir schauderte. »Wenn ihr es unbedingt taufen wollt, dann nennt es Bug-eyes, ›Glotzauge‹ «, sagte ich.

»O ja«, sagte Jacquie, »das paßt.«

»Nun, mir fällt ein Stein vom Herzen, weil wir endlich einen Namen haben. Ist ein Käfig da?«

»Natürlich haben wir einen, selbstverständlich«, sagte Jacquie. Wir ließen das Tier in den Käfig. Es hockte sich auf den Boden und starrte uns mit unverhohlener Angst an.

»Ist es nicht süß«, wiederholte Jacquie.

»So ein Püppchen«, gurgelte Sophie.

Ich seufzte. Anscheinend wurden trotz meiner sorgfältigen Erziehung meine Frau und meine Sekretärin kindisch, sobald sie etwas Molliges, Kleines vor sich hatten.

»Na ja«, sagte ich resignierend, »ich nehme an, ihr werdet euer Püppchen füttern. Dieses Püppchen hier geht wenigstens jetzt hinein und trinkt ein klitzekleines Schlückchen Gin.«

Zweiter Teil: ZURÜCK NACH BAFUT

DURCH BOTEN

Mein guter Freund,
ich freue mich, daß Du wieder in Bafut bist. Ich heiße Dich
willkommen. Wenn Du Dich von der Reise ausgeruht hast,
besuche mich bitte.

Dein guter Freund
Fon von Bafut

Nach unserer Rückkehr aus Eshobi beluden Jacquie und ich
den Lastwagen mit Käfigen von den Tieren, die wir kenn-
zeichnen mußten, und machten uns auf den Weg nach Bafut.
Bob und Sophie ließen wir in Mamfe zurück, damit sie noch
mehr Tiere des tropischen Regenwaldes beschaffen konnten.
Die Fahrt nach Mamfe ins Hochland war lang und anstrengend, begeisterte mich aber immer aufs neue. Die erste Weg-
strecke führte durch den dichten Wald des Tales von Mamfe.
Der Lastwagen jaulte und rumpelte auf der roten Straße zwischen riesenhaften Bäumen, die mit Schlingpflanzen und Lianen geschmückt waren, daher. Durch die Zweige flogen
schreiend kleine Hornvogelschwärme und jadegrüne, dem
Kuckuck ähnliche Touraco-Pärchen, deren rote Schwingen
beim Flug aufblitzten. Auf den toten Bäumen am Wegrand
machten sich orange-blau-schwarze Eidechsen gemeinsam mit
den Zwergkönigsfischern über Spinnen, Heuschrecken und
andere fette Leckerbissen her, die sie zwischen den roten und
weißen Winden fanden. Durch jedes der winzigen Täler floß
ein kleiner Fluß, über den eine knarrende Brücke führte und
jedesmal, wenn der Laster hinübersetzte, flogen Wolken von
Schmetterlingen auf und schwirrten um den Kühler. Nach
mehreren Stunden begann der Weg unmerklich mit einer
Reihe weitausholender Windungen zu steigen. Hier und da
fand man am Rand der Waldwege riesige Farnbäume, die
wie grüne Fontänen geheimnisvoll aus dem Unterholz schossen. Wenn man höher hinaufkam, machte der Wald kleineren Grasflächen Platz, welche die Sonne ausgeblichen hatte.
Allmählich, als würden wir einen dicken grünen Mantel ab-
streifen, fiel der Wald zurück, und Grasland trat an seine
Stelle. Fröhliche Eidechsen liefen uns trunken von Sonne
über den Weg. Schwärme winzig kleiner Finken stoben aus
dem Unterholz und flogen vor uns herum, ihr rotes Feder-
kleid ließ sie wie Funkenregen eines gigantischen Freuden-
feuers erscheinen. Der Laster heulte und polterte, der Kühler
dampfte bei der letzten großen Anstrengung, die der Gipfel

der Böschung kostete. In millionenfachen Schattierungen von Grün lag der Wald von Mamfe hinter uns, vor uns dehnte sich das Grasland Hunderte von Meilen weit mit wogenden, gleichsam in Falten daliegenden Bergen; von Wolken gestreichelt, lag es bis zum fernen schwachen Horizont, gold und grün, unnahbar und wunderbar in der Sonne. Der Fahrer zwang den Wagen auf den Hügel und brachte ihn ratternd zum Stehen. Dabei wirbelte roter Staub auf und hüllte uns und alles ein. Der Fahrer lächelte breit und glücklich, wie ein Mensch, der eine bedeutende Leistung vollbracht hat.

»Warum halten wir?« forschte ich.

»Ich geh pinkeln«, erklärte er unverblümt und verschwand im langen Gras am Wegrand.

Jacquie und ich wanden uns aus dem glühenden Innern und gingen nach hinten, um zu sehen, wie die Reise den Tieren bekommen war. Philipp saß aufrecht auf einer Plane und drehte uns sein vom knallroten Staub bepudertes Gesicht zu. Sein Trilby, der bei der Abfahrt noch ganz schwach grau gewesen war, war jetzt ebenfalls knallrot. Er nieste heftig in sein grünes Taschentuch und sah mich vorwurfsvoll an.

»Staub zu viel«, brüllte er, falls diese Tatsache meiner Aufmerksamkeit entgangen sein sollte. Da Jacquie und ich vorn ebenso staubig geworden waren, bedauerte ich ihn nicht.

»Was machen die Tiere?« fragte ich.

»Sie gut, Sah; aber dieses Buschschwein haben dicken Kopf zu viel.«

»Was soll das heißen?«

»Er stehlen mein Kissen«, sagte Philipp ungehalten.

Ich untersuchte den Käfig unserer schwarzfüßigen Mungodame Ticky. Sie hatte sich die Zeit damit vertrieben, Philipps kleines Kissen, das zum Bettzeug unseres vornehmen Kochs gehörte, nach und nach durch die Käfigstäbe zu ziehen. Jetzt hockte sie, umgeben von Schneewehen aus Federn, selbstgefällig und zufrieden auf den traurigen Resten.

»Laß man«, sagte ich tröstend, »ich werde dir ein neues kaufen. Aber du passen auf deine Sachen auf, sonst wird dir Ticky alles stehlen.«

»Ja, Sah, ich aufpassen«, sagte Philipp mit einem bösen Blick auf das federverkrustete Tier.

Dann fuhren wir weiter durch das grünliche, golden-weiße Grasland unter einem blauen Himmel, der von einem feinen Netz zarter Windwolken durchädert war, so daß es aussah, als würden leichte Wollflocken über den Himmel geblasen. In dieser Landschaft schien alles ein Werk des Windes zu sein. Er hatte die großen grauen Felsen zu phantastischen Formen moduliert und das harte Gras zu harten Wellen geformt. Die kleinen Bäume waren gebogen und verkrüppelt. Die ganze Landschaft bebte und sang vom Wind, der leise im Gras pfiff, heulend und schmetternd um die Felskanten fegte und die kleinen Bäume wimmern und knarren ließ.

Weiter ging's auf Bafut zu. Gegen Abend wurde der Himmel zartgolden. Als die Sonne hinter dem Bergrand verschwand und die Welt in ein kühles, grünes Zwielicht einhüllte, nahm unser Laster die letzte Kurve und hielt im Zentrum von Bafut, vor dem Besitz des Fon. Linker Hand lag der weite Hof und dahinter die Hütten seiner Frauen und Kinder. Alles wurde von der großen Hütte überragt, in welcher der Geist seines Vaters und viele andere, weniger hohe Geister, lebten. Wie ein vom Alter geschwärzter Bienenkorb hob sie sich vom jadegrünen Himmel ab. Rechts vom Weg lag auf einer Anhöhe das Gästehaus des Fon. Es glich einer zweistöckigen italienischen Villa, war aus Stein gebaut und hatte ein sauber gedecktes Ziegeldach. Um das schuhkartonförmige Gebäude lief in beiden Stockwerken eine breite Veranda, die von rosa und ziegelrot blühenden Bougainvillea umrahmt war.

Müde kletterten wir aus dem Wagen und überwachten das Ausladen der Tiere und ihre Unterbringung auf der Veranda im zweiten Stock. Nach den Tieren wurde unsere Ausrüstung abgeladen und verstaut. Während wir schwache Versuche unternahmen, den roten Staub abzuwaschen, ergriff Philipp die Überreste seines Bettzeugs, seinen Karton mit Küchenutensilien und die Lebensmittel und marschierte in die Küche; steifbeinig und zackig stolzierte er davon, wie eine

Militärpatrouille, die einen Aufruhr beschwichtigen will. Als die Tiere gefüttert waren, tauchte Philipp mit einem unerwartet guten Abendbrot wieder auf. Wir hatten kaum gegessen, als wir todmüde ins Bett fielen.

In der Kühle des nächsten Morgens gingen wir zu unserem Gastgeber, um ihm unsere Aufwartung zu machen. Wir überquerten den großen Hof und gerieten in das Labyrinth der schmalen Winkel und Gäßchen um die Frauenhütten. Dann kamen wir auf einen kleinen, von einer Agave beschatteten Platz. Da lag, sauber aus Stein und Ziegeln gebaut, die Villa des Fon mit breiter Veranda an einer Seite. Auf der Verandatreppe stand, groß und schlank, mein Freund, der Fon von Bafut. Er trug ein schneeweißes, blaubesticktes Gewand und auf dem Kopf ein Käppchen in den gleichen Farben. Auf seinem Gesicht lag das fröhlich-verschlagene Grinsen, das ich so gut kannte. Seine riesige, schlanke Hand war zum Gruß ausgestreckt.

»Mein Freund«, rief ich, während ich die Treppe hinaufeilte.

»Willkommen ... willkommen ... du bist da ... willkommen«, rief er aus. Dabei nahm er meine Hand in seine großen Handflächen, legte seinen Arm um meine Schultern und klopfte mir freundschaftlich den Rücken.

»Geht es gut, mein Freund?« fragte ich und sah ihm ins Gesicht.

»Ich gut, ich gut«, antwortete er grinsend.

Mir schien diese Behauptung fast zu schwach. Er sah blühend aus. Bei meinem letzten Aufenthalt vor acht Jahren war er gut in den Siebzigern. Es schien, als habe er die dazwischenliegenden Jahre besser überstanden als ich. Ich stellte Jacquie vor und freute mich an dem Gegensatz. Der beinahe zwei Meter große Fon, der in seinem Gewand noch größer erschien, überragte die kleine Jacquie um fast einen halben Meter; ihre Hand war in seiner großen, braunen Tatze verloren wie die eines Kindes.

»Kommt, wir gehen hinein«, sagte er, ergriff unsere Hände und führte uns in die Villa. Es hatte sich nichts verändert.

In dem kühlen schönen Raum lagen Leopardenfelle auf dem Boden, an den Wänden standen wunderbar geschnitzte Bänke mit hohen Kissentürmen. Wir setzten uns. Eine der Frauen des Fon erschien mit einem Tablett und Getränken darauf. Der Fon schüttete freigebig Whisky in drei Gläser und reichte sie lächelnd herum. Ich sah den unverdünnten Alkohol zehn Zentimeter hoch in meinem Glas und seufzte. Eins war sicher, was er auch sonst während meiner Abwesenheit getan haben mochte, unter die Abstinenzler war der Fon inzwischen nicht gegangen.

»Chirri-ho!« sagte der Fon und trank mit einem Schluck das Glas halb aus. Jacquie und ich nippten etwas vorsichtiger an den unseren.

»Mein Freund«, sagte ich, »ich bin glücklich, dich wiederzusehen.«

»Wah! Glücklich! Ich war glücklich, als ich hörte, daß du wieder in Kamerun bist.«

Wieder nippte ich an meinem Whisky. »Man hat mir erzählt, daß du böse mit mir bist, weil ich das Buch über die glückliche Zeit mit dir geschrieben habe. Ich hatte Bedenken, zurück nach Bafut zu kommen«, sagte ich.

Der Fon schaute böse drein. »Wer hat dir das erzählt?« forschte er.

»Einige Europäer.«

»Ach, Europäer«, meinte der Fon und zuckte die Schultern, als sei er erstaunt, daß ich ein Wort dessen glaubte, was mir ein Weißer erzählt hatte. »Sie lügen.«

»Gut«, sagte ich erleichtert, »denn ich würde traurig sein, wenn du böse mit mir bist.«

»Nein, nein, ich bin nicht böse«, sagte der Fon. Dabei schüttete er eine weitere große Menge Whisky in mein Glas, bevor ich ihn davon zurückhalten konnte.

»Dein Buch ist fein, es gefällt mir. Alle Leute in der Welt kennen jetzt meinen Namen. Fein, fein das Buch.«

Wieder einmal mußte ich feststellen, daß ich meinen Freund unterschätzt hatte. Er hatte offenbar gemerkt, daß irgendeine Publicity besser ist als gar keine. »Sieh her«, fuhr er fort,

»viele, viele Menschen kommen nach Bafut; alle diese verschiedenen Leute zeigen mir dein Buch mit meinem Namen darin . . . fein, fein.«

»Ja, das ist eine feine Sache«, stimmte ich sprachlos zu. Mir ging auf, daß ich den Fon zu einer Art Salonlöwen gemacht hatte. Nachdenklich hielt er die Whiskyflasche gegen das Licht.

»Als ich in Nigeria war, in Lagos, um die Königin zu sehen, hatten alle Europäer dein Buch. Viele, viele Leute ließen mich meinen Namen in dein Buch schreiben.«

Mit offenem Mund starrte ich ihn an. Die Vorstellung, wie der Fon in Lagos saß und Autogramme in mein Buch schrieb, verschlug mir die Stimme.

»Gefiel Ihnen die Königin?« fragte Jacquie.

»Wah! Gefallen! Sie gefällt mir zu sehr. Eine feine Frau das. Kleine, kleine Frau, genau wie du. Aber sie ist sehr mächtig. Meine Güte! Die Frau ist sehr mächtig.«

»Gefiel dir Nigeria?« fragte ich.

»Nein«, sagte der Fon bestimmt, »zu heiß, zu viel Sonne, Sonne, Sonne. Ich schwitzte, ich schwitzte. Aber die Königin ist sehr mächtig. Sie geht und geht und schwitzt nie. Feine Frau.« Bei der Erinnerung mußte er lächeln und goß uns geistesabwesend allen die Gläser wieder voll. »Ich gab der Königin einen Elefantenzahn«, fuhr er fort, »du weißt es sicher.«

»Ja, ich weiß.« Ich erinnerte mich an den wunderbar geschnitzten Elfenbeinzahn, den die Einwohner von Kamerun Ihrer Majestät geschenkt hatten.

»Ich habe diesen Zahn für alle Leute in Kamerun gegeben«, erklärte der Fon. »Die Königin saß auf einem Stuhl, und ich ging vorsichtig, vorsichtig und gab ihr den Zahn. Sie nahm ihn. Die Europäer sagen, man darf der Königin nicht den Hintern zeigen; darum gehen sie alle rückwärts. Auch ich ging rückwärts. Wah! Schritt für Schritt. Ich fürchtete, daß ich falle, aber ich ging vorsichtig und fiel nicht, aber ich hatte große Angst.« Er kicherte, als er daran dachte, wie er vor der Königin rückwärts die Treppen hinunterging, bis sich seine Augen mit Tränen füllten.

»Nigeria ist zu heiß, ich schwitze.«

Ich bemerkte, wie sich bei dem Wort »schwitzen« seine Augen gedankenverloren an die Whiskyflasche hefteten. So stand ich eilig auf und erklärte, wir müßten wirklich gehen, denn wir hätten noch so viel auszupacken. Der Fon ging mit uns in den sonnenbeschienenen Hof, nahm unsere Hände und forschte ernsthaft in unseren Mienen. »Kommt ihr am Abend wieder?« fragte er. »Wir wollen zusammen trinken.«

»Ja, am Abend kommen wir wieder«, versicherte ich ihm. Er strahlte Jacquie an. »Am Abend werde ich dir zeigen, was für eine glückliche Zeit wir in Bafut haben werden«, sagte er zu ihr.

»Schön«, sagte Jacquie und lächelte tapfer.

Mit einer eleganten Handbewegung entließ uns der Fon, drehte sich um und ging in seine Villa zurück. Wir beide schleppten uns mühsam ins Gästehaus.

»Nach diesen Whiskymengen kann ich nicht mehr frühstükken«, sagte Jacquie.

»Das war noch gar nichts«, widersprach ich. »Das war man gerade ein kleiner Aperitif vor Tagesanfang. Warte nur bis zum Abend.«

»Heute abend werde ich nichts trinken ... das könnt ihr beide besorgen. Ein Glas und nicht mehr!« sagte Jacquie entschieden.

Als wir nach dem Frühstück die Tiere versorgten, sah ich zufällig über die Verandabrüstung und bemerkte, daß auf dem Weg dort unten eine kleine Gruppe von Männern auf das Haus zukam. Beim Näherkommen erkannte ich, daß sie Raphiakörbe oder Kalebassen auf dem Kopf trugen, die mit grünen Blättern verschlossen waren. Sollten sie wirklich schon Tiere bringen? Im allgemeinen dauerte es etwa eine Woche, bis die Neuigkeit herum war und Jäger Beute brachten. Als ich sie mit angehaltenem Atem beobachtete, bogen sie vom Weg ab und stiegen schwatzend und lachend die Verandastufen hoch. Oben wurden sie still und legten ihre Lasten auf den Boden.

»Guten Tag, meine Freunde«, sagte ich.

»Morgen, Masa«, antworteten sie grinsend im Chor.

»Was sind das für Sachen?«

»Das Fleisch, Masa«, kam die Antwort.

»Aber wie wißt ihr, daß ich nach Bafut komme und Fleisch kaufe?« fragte ich erstaunt.

»Eh, Masa, Fon erzählen«, sagte einer der Jäger.

»Du meine Güte, wenn der Fon die Nachricht, daß wir herkommen, herumgetragen hat, werden wir in Nullkommanichts überschwemmt sein«, sagte Jacquie.

»Wir sind jetzt schon ganz schön überschwemmt«, meinte ich beim Anblick all der Behälter zu meinen Füßen. »Bisher haben wir nicht einmal unsere Käfige ausgepackt. Nun, wir werden schon damit fertig werden. Mal sehen, was sie mitgebracht haben.« Ich bückte mich, nahm einen Raphiasack auf, hielt ihn hoch und fragte:

»Welcher Mann dies bringen?«

»Ich, Sah.«

»Und was ist drinnen?«

»Sein Squill-lill, Sah.«

Ich begann die Schnüre zu lösen, und Jacquie fragte, was ein Squill-lill sei.

»Keine Ahnung.«

»Wäre es nicht besser, du fragst? Es kann schließlich eine Kobra oder sonst was sein.«

»Du hast recht«, stimmte ich ihr zu.

Ich wandte mich an den Jäger, der mich ängstlich beobachtete.

»Welches Fleisch nennst du Squill-lill?«

»Kleines Fleisch, Sah.«

»Schlechtes Fleisch, das Menschen fressen?«

»Nein, Sah, niemals. Dies ganz klein Squill-lill, Sah. Sein Baby.«

Diese Versicherung beruhigte mich. Ich spähte in die Tiefe des Sackes. Auf dem Boden lag zusammengerollt und zuckend in einem Grasnest ein winziges, kaum zehn Zentimeter langes Eichhörnchen. Es konnte nicht mehr als ein paar Tage alt sein, denn es war mit dem glänzenden, sauberen, plüschähnlichen Pelz ganz junger Tiere bedeckt und noch blind. Der Mund war zu einem O geöffnet wie bei einem Chorknaben: die zierlichen Pfoten paddelten gegen meine Finger. Geduldig wartete ich, bis sich die erste Flut von mütterlichen Gefühlen meiner Frau gegenüber diesem Tierbaby gelegt hatte.

»Gut«, sagte ich, »behalte es, wenn du willst. Aber ich warne dich, es wird eine Qual sein, das Wesen zu füttern. Ich nehme es nur, weil es ein Schwarzohrhörnchen ist. Die Sorte ist selten.«

»Ich werde schon mit ihm fertig werden«, meinte Jacquie zuversichtlich. »Es ist kräftig, damit haben wir schon halb gewonnen.«

Ich seufzte und dachte an die zahllosen jungen Eichhörnchen, mit denen ich in aller Welt den Kampf aufgenommen hatte, und wie eines immer schwächer und schwieriger als das andere war. Ich wandte mich an den Jäger. »Dieses Fleisch, mein Freund, ist gutes Fleisch, und mir gefällt es sehr. Aber sein Baby, eh? Manchmal sterben Babies, eh?«

»Ja, ja«, stimmte er traurig zu.

»Ich zahle dir zwei-zwei Schilling jetzt. Ich gebe dir Gutschein. Wenn du kommst in zwei Wochen und dieses Baby noch lebt, ich zahle dir noch fünf Schilling. Einverstanden?«

»Ja, Sah, ich einverstanden«, sagte der Jäger erfreut grinsend.

Ich zahlte ihm zwei Schillinge und schrieb einen Gutschein für die anderen fünf. Der Jäger verstaute den Zettel sorgfältig in seinem Sarong.

»Nicht verlieren. Wenn du verlierst, ich zahle dir nicht fünf Schilling.«

»Nein, Masa, ich ihn nicht verlieren«, versicherte er vergnügt.

»Es hat wirklich eine herrliche Farbe«, sagte Jacquie und sah auf das Tierchen in ihren Händen. In diesem Punkt war ich ihrer Meinung. Der kleine Kopf war leuchtend orange mit einem zierlichen schwarzen Ring um jedes Ohr. Es sah aus, als habe seine Mutter ihn nicht ordentlich gewaschen. Auf dem Rücken war es grün gefleckt, am Bauch zartgelb; der lächerliche Schwanz war auf der Oberseite dunkelgrün und auf der unteren flammend orange.

»Wie soll es heißen?« fragte Jacquie.

Ich schaute auf das zitternde Häufchen in ihrer Hand, das sich noch immer im Choralsingen zu üben schien.

»Nenn' es so, wie der Jäger es nannte, ›Squill-lill Small‹ «, schlug ich vor, und so wurde es Squill-lill Small genannt, was wir später aus Gründen der Einfachheit zu Small abkürzten.

Während wir uns über den Namen unseres Schützlings Gedanken machten, öffnete ich den nächsten Raphiakorb, ohne den Jäger vorher gefragt zu haben, was er enthielt. Als ich den Korb sorglos aufmachte, schoß ein kleines, spitzes rattenähnliches Gesicht hervor, biß mir in den Finger, schrie wütend und durchdringend und verschwand wieder in der Tiefe des Korbes.

»Was um alles in der Welt war das?« fragte Jacquie. Ich lutschte an meinem Finger, fluchte gewaltig, und alle Jäger sangen im Chor »Sorry, Sah, sorry, Sah«, als ob sie für meine Dummheit verantwortlich wären.

»Dieser verfluchte kleine Liebling ist ein Zwergmungo«, sagte ich.

»Sie sind für ihre Größe außerordentlich hitzig. Von den kleinen Tieren schreit nur noch das Seidenäffchen so durchdringend.«

»Wo sollen wir es einsperren?«

»Wir werden ein paar von unseren Käfigen auspacken müssen. Bis ich den Rest aussortiert habe, lassen wir es in seinem Korb.«

Vorsichtig band ich den Korb wieder zu.

»Wie schön, daß wir jetzt zwei verschiedene Mungosorten haben«, sagte Jacquie.

»Ja«, stimmte ich zu und saugte an meinem Finger, »wunderbar.«

Die übrigen Behälter enthielten nichts von Bedeutung, lediglich drei gemeine Kröten, eine kleine grüne Blattviper und vier Webervögel. Ich konnte sie nicht gebrauchen.

Als ich die Jäger mit den Tieren nach Hause geschickt hatte, kümmerte ich mich um die Unterbringung des Zwergmungos. Das schlimmste bei einer Tierfangexpedition ist, nicht genügend Käfige vorbereitet zu haben. Das war mir auf meiner ersten Reise so ergangen. Da hatten wir zwar alle möglichen Ausrüstungsgegenstände mitgenommen, aber keine fertigen Käfige, in der Annahme, wir würden an Ort und Stelle genügend Zeit haben, sie zu bauen. Das Resultat war, daß uns die erste Flut von Tieren unvorbereitet traf, und wir Tag und Nacht damit zu tun hatten, sie alle sachgemäß unterzubringen. Kaum waren wir damit fertig, kam die zweite Flut, und wir mußten von vorn anfangen. Einmal band ich aus diesem Grund nicht weniger als sechs verschiedene Tiere mit Stricken an mein Feldbett. Seitdem gehe ich nie ohne eine Anzahl zusammenlegbarer Käfige auf die Reise, damit ich auf alle Fälle wenigstens die ersten vierzig Tiere unterbringen kann. Ich stellte jetzt also einen unserer Spezialkäfige auf, füllte ihn mit trockenen Bananenblättern und expedierte dann das Zwergmungoweibchen hinein, ohne mich noch einmal beißen zu lassen. Da stand es mitten im Käfig, die eine zierliche Pfote etwas gehoben, betrachtete mich mit kleinen, glänzenden Augen und stieß einen schrillen Wutschrei nach dem anderen aus, bis uns die Ohren schmerzten. Der Ton war so durchdringend und unerträglich, daß ich schließlich in meiner Verzweiflung ein großes Stück Fleisch in den Käfig warf. Die Mungodame sprang darauf zu, schüttelte es heftig, um sich zu vergewissern, ob es tot sei, trug es dann triumphierend in eine Ecke und verspeiste es. Noch immer schrie sie uns an, doch waren ihre Töne durch das Futter wohltuend gedämpft. Ich stellte den Käfig dicht neben Ticky, unser schwarzfüßiges Mungofräulein. Dann setzte ich mich hin und betrachtete die beiden.

Ein flüchtiger Beobachter hätte nicht einmal vermutet, daß die beiden Tiere miteinander verwandt sind. Ticky war noch sehr jung, jedoch schon etwa 60 Zentimeter lang und 25 Zentimeter hoch. Sie hatte ein plumpes, hundeähnliches Gesicht mit dunklen, runden, etwas hervorstehenden Augen; Körper, Kopf und Schwanz waren von üppiger sahneweißer Farbe und die schlanken Beine tiefbraun, ja beinahe schwarz. Tikky war glatt, geschmeidig und graziös und erinnerte mich an eine hellhäutige Pariser Kokotte, die nur mit Seidenstrümpfen bekleidet ist. Der Zwergmungo hingegen sah alles andere als pariserisch aus. Mit Schwanz maß er etwa 25 Zentimeter, hatte ein scharfgeschnittenes Gesichtchen, eine kleine, runde rosa Nase und ein Paar glitzernde, kirschfarbene Augen. Das lange, dicke Fell war schokoladenbraun mit zarten, angedeuteten ingwerfarbenen Flecken. Ticky, ganz Dame, betrachtete den Neuankömmling fast entsetzt und beobachtete interessiert, wie er schreiend und nörgelnd seinen blutigen Fleischbrocken traktierte. Ticky, ein sehr leckriger und wählerischer Fresser, hätte sich nie so unmanierlich aufgeführt, sie hätte nie mit vollem Mund geschrien und sich benommen, als habe sie nie im Leben ein anständiges Stück Fleisch gesehen. Sie fixierte ihre Verwandte einen Augenblick, schniefte zornig, drehte sich ein paarmal elegant um sich selbst und legte sich dann zum Schlafen nieder. Der Zwergmungo, unbeeindruckt von diesem Urteil über sein Benehmen, fuhr auch bei den letzten blutigen Resten seiner Mahlzeit fort zu schimpfen und zu schreien. Als der letzte Happen verschlungen und der Boden sorgfältig nach Überresten abgesucht war, setzte er sich, kratzte sich einige Minuten kräftig das Fell, rollte sich zusammen und schlief ebenfalls ein. Als wir ihn eine Stunde später wieder weckten, um seine Stimme für die Nachwelt festzuhalten, stieß er so laute Wut- und Zornesschreie aus, daß ich das Mikrofon am äußersten Ende der Veranda aufbauen mußte, sonst wäre meine Mühe umsonst gewesen. Bis zum Abend jedoch hatten wir die Stimme des Zwergmungos und die Tickys aufgenommen und daneben noch neunzig Prozent unserer Sachen ausgepackt. Wir badeten, zogen uns um, aßen zu Abend und waren recht zufrieden mit uns.

Nach dem Essen bewaffneten wir uns mit einer Flasche

Whisky und einer ausreichenden Menge Zigaretten. Wir nahmen unsere Petroleumlampe und machten uns auf den Weg zur Villa des Fon. Die Luft war warm und einschläfernd, voll vom Geruch der Holzfeuer und der sonnenwarmen Erde. Heimchen zirpten und trillerten im Gras der Wegränder. In den Obstbäumen des großen Hofes hörten wir Fledermäuse schreien und laut mit ihren Flügeln schlagen. Im Hof standen mehrere Kinder des Fon im Kreis. Sie klatschten in die Hände und veranstalteten eine Art Singspiel. In der Ferne dröhnte eine kleine Trommel durch die Bäume wie ein unregelmäßiger Herzschlag. Wir gingen durch das Labyrinth der Frauenhäuser. Jedes war von einem rotglühenden Herdfeuer erleuchtet, jedes duftete nach gerösteten Yamwurzeln, gebratenem Wegerich, gekochtem Fleisch oder dem scharfen, durchdringenden getrockneten Salzfisch. Der Fon erwartete uns auf der Treppe. Seine große Gestalt stand hell in der Dämmerung, sein Gewand rauschte, als er uns die Hand hinstreckte.

»Willkommen, willkommen«, sagte er strahlend, »kommt, wir gehen hinein.«

»Ich bringe Whisky, damit unser Herz fröhlich wird.« Ich schwang die Flasche.

»Wah! Gut, gut«, kicherte der Fon. »Whisky ist eine feine Sache, er macht die Menschen glücklich.

Sein wunderbar scharlachrotes und gelbes Gewand leuchtete im matten Lampenlicht wie ein Tigerfell. An einem Arm trug er ein kostbar geschnitztes Elfenbeinarmband. Wir setzten uns und warteten. Schweigend sahen wir zu, wie der Fon feierlich die erste Runde einschenkte. Als jedes der Gläser halbvoll Whisky war, wandte sich uns der Fon mit seinem breiten, verschlagenen Lächeln zu.

»Chirri-ho! Heute abend werden wir haben glückliche Zeit.«

Damit begann der Abend, den wir später den »Abend mit Schlagseite« nannten.

Als der Whiskyspiegel in der Flasche fiel, berichtete uns der Fon noch einmal von seiner Reise nach Nigeria und wie sehr er geschwitzt habe. Sein Lob für die Königin kannte keine Grenzen. Denn, so betonte er immer wieder, er war hier in Afrika zu Hause und hatte sich heiß gefühlt, sie hingegen hatte viel mehr als er geleistet und war trotzdem immer frisch und charmant geblieben. Ich fand sein freigebiges, der Wahrheit entsprechendes Lob außergewöhnlich, da er einer Gesellschaft angehörte, in der die Frauen nur als nützliche Lasttiere angesehen werden.

»Du liebst Musika?« fragte der Fon Jacquie. Das Thema Nigeria war erschöpft.

»Ja, ich mag Musik sehr gern.«

Der Fon strahlte sie an.

»Du erinnerst dich an meine Musika?« fragte er mich.

»Ja, ich erinnere mich daran.«

Der Fon stieß einen langgezogenen Begeisterungsruf aus. »Du hast geschrieben in deinem Buch über meine Musika, eh?«

»Ja, natürlich.«

»Und«, fuhr der Fon fort und kam damit zu seinem Vorhaben, »du hast geschrieben über das Tanzen und die glückliche Zeit, die wir hatten, eh?«

»Ja, über alles, und alles war sehr schön.«

»Wollen wir deiner Frau unsere Tänze zeigen?« fragte er und streckte seinen langen Zeigefinger nach mir aus.

»Ja, gern.«

»Fein, fein ... kommt, wir gehen zum Tanzhaus.« Majestätisch erhob er sich, glättete eine Falte seines Gewandes mit seiner eleganten Hand. Zwei Frauen, die ruhig im Hintergrund gesessen hatten, sprangen auf, ergriffen das Tablett mit den Gläsern und hasteten uns voran. Der Fon führte uns aus seiner Villa quer durch seinen Besitz zum Tanzhaus.

Das Tanzhaus war ein großes, quadratisches Gebäude, den üblichen Gemeindehäusern ähnlich, doch hatte es nur ein Erdgeschoß und sehr kleine Fenster. An der einen Seite des Raumes stand eine Reihe geflochtener Lehnstühle, für den Fon und seine Gäste reserviert, darüber hingen eingerahmte Fotografien verschiedener Mitglieder der britischen Königsfamilie. Als wir den Raum betraten, begrüßten uns vierzig bis fünfzig versammelte Frauen in der landesüblichen Weise mit einem eigenartigen schrillen Geheul. Sie schrien durchdringend und schlugen sich dabei schnell mit den Händen auf den Mund. Es war ohrenbetäubend. Die versammelten, prächtig gekleideten Ratgeber des Fon klatschten in die Hände, wodurch der allgemeine Tumult noch erhöht wurde. Fast betäubt von der Begrüßung, wurden Jacquie und ich zu beiden Seiten des Fon in zwei Sessel plaziert und der Tisch mit Getränken vor uns gestellt. Der Fon lehnte sich in seinen Sessel zurück und sah uns mit breitem, glücklichem Lächeln an.

»Jetzt werden wir haben glückliche Zeit.« Bei den Worten beugte er sich vor und goß aus einer jungfräulichen Flasche Whisky die Gläser halbvoll.

Die Kapelle war inzwischen angekommen. Sie bestand aus vier Jugendlichen und zwei Frauen des Fon. Sie hatten drei Trommeln, zwei Flöten und eine mit getrocknetem Mais gefüllte Kalebasse, mit der sie ein angenehm raschelndes Geräusch erzeugten, ähnlich dem einer Marimba. In einer Ecke des Tanzsaales richteten sie sich ein. Nach einigen Versuchsschlägen auf der Trommel sahen sie erwartungsvoll auf den Fon. Dieser bellte einen seiner Befehle. Daraufhin stellten zwei seiner Frauen einen kleinen Tisch mit einer Lampe in die Mitte des Tanzbodens. Es folgte ein neuer erwartungsvoller Trommelwirbel.

»Mein Freund, du erinnerst dich an den europäischen Tanz, den du mir beigebracht hast, als du in Bafut warst?«

»Ja, natürlich.«

Bei einer der Parties, auf der mich der Fon mit seiner großzügigen Gastlichkeit unterhielt, hatte ich ihm, seinen Räten und Frauen beigebracht, wie man eine Conga tanzt. Es war ein unerhörter Erfolg gewesen. Doch glaubte ich, sie hätten es in den acht dazwischenliegenden Jahren vergessen.

»Ich werde es euch zeigen«, sagte der Fon mit glänzenden Augen.

Er bellte einen neuen Befehl. Etwa zwanzig von seinen Frauen schoben sich auf die Tanzfläche und stellten sich um den Tisch herum im Kreis auf. Jede klammerte sich fest an die

Taille der anderen. Dann hockten sie sich hin, ungefähr wie Sportler beim Start und warteten.

»Was soll das bedeuten?« flüsterte Jacquie.

Ich beobachtete das Ganze mit diebischem Vergnügen. »Ich glaube, er hat sie seit meiner Abreise vor acht Jahren fortwährend Conga tanzen lassen, und jetzt will er uns eine Vorführung davon geben«, sagte ich halb in Gedanken.

Der Fon hob die Hand; die Kapelle warf sich mit Begeisterung in eine Bafutmelodie mit unverkennbarem Congarhythmus. Die Gesichter vor Anspannung verkniffen, bewegten sich die Frauen, immer noch hockend, im Kreis um die Lampe. Bei jedem sechsten Schlag schleuderten sie ihre Beine zur Seite. Die Wirkung war bezaubernd. Begeistert von der Darbietung sagte ich: »Mein Freund, das ist großartig!«

Jacquie stimmte mir enthusiastisch zu: »Sie tanzen wirklich ganz wunderbar!«

»Diesen Tanz hast du mir beigebracht«, sagte der Fon.

»Ja, ich erinnere mich daran.«

Lachend wandte er sich an Jacquie. »Dein Mann ist sehr stark, wir haben getanzt, getanzt und getrunken... Wah! Glückliche Zeit!«

Die Kapelle setzte ganz unregelmäßig aus. Die Frauen des Fon lächelten schüchtern auf unseren Applaus, erhoben sich aus ihrer hockenden Stellung und gingen wieder zu ihren Plätzen an der Wand zurück. Der Fon brüllte einen neuen Befehl. Eine große Kalebasse mit Palmwein wurde hereingebracht. Davon erhielt jede der Tänzerinnen ihren Anteil in die hohle Hand gegossen. Der Anblick veranlaßte den Fon, auch unsere Gläser neu zu füllen.

»Ja«, fuhr er sich erinnernd fort, »dein Mann ist sehr stark beim Tanzen und Trinken.«

»Jetzt bin ich nicht mehr stark, jetzt bin ich ein alter Mann«, sagte ich.

»Nein, nein, mein Freund«, meinte der Fond lachend. »Ich bin alt, du bist jung.«

»Du siehst jünger aus als vor acht Jahren.« Ich sagte dies nicht nur, ich meinte es auch.

»Das kommt, weil du viele Frauen hast«, sagte Jacquie.

»Wah! Nein«, sagte der Fon entsetzt, »meine Frauen machen mich zu müde.«

Trübsinnig starrte er auf die Schar seiner Frauen an der Wand und nippte an seinem Whisky. »Meine Frauen halten mich zum Narren.«

»Das gleiche sagt mein Mann von mir auch«, meinte Jacquie.

»Dein Mann ist glücklicher, er hat nur eine Frau, ich habe viele. Und die halten mich zum Narren.

»Aber Frauen sind sehr nützlich«, sagte Jacquie.

Der Fon betrachtete sie skeptisch.

»Wenn du keine Frauen hast, hast du keine Babies ... Männer haben keine Babies«, war Jacquies realistische Antwort. Diese Bemerkung setzte den Fon in solches Entzücken, daß ich fürchtete, ihn würde der Schlag treffen. In seinen Sessel zurückgelehnt lachte er, bis ihm die Tränen kamen.

Plötzlich setzte er sich auf. Er wischte sich die Augen, noch von Lachen geschüttelt. »Deine Frau hat Verstand«, bemerkte er vergnügt und goß Jacquie ein großes Glas Whisky ein, als Anerkennung für ihre Intelligenz. »Du wärst eine. gute Frau für mich«, sagte er und strich ihr zärtlich über den Kopf. »Chirri-ho.«

Die Kapelle kam zurück. Die Männer wischten sich den Mund von einer Mahlzeit außerhalb des Tanzhauses. Offensichtlich gut gestärkt, intonierten sie eine meiner Lieblingsmelodien aus dem Repertoire von Bafut, den Schmetterlingstanz. Es war eine fröhliche kleine Melodie. Die Frauen stellten sich zu diesem entzückenden Tanz im Saal auf. Sie tanzten in einer Reihe mit minutiösen, komplizierten Bewegungen der Hände und Füße. Dann faßten sich die beiden ersten der Reihe an den Händen, die letzte Tänzerin am anderen Ende wirbelte nach vorn, fiel dann zurück, um von den beiden mit verschränkten Händen aufgefangen und hochgeschleudert zu werden. Je schneller der Tanz und die Musik wurden, desto ungestümer wirbelte sich der Schmetterling herum und desto ekstatischer schossen die beiden anderen ihn wieder hoch. Als der Tanz auf dem Höhepunkt war, erhob sich der Fon majestätisch und schloß sich unter dem Jubel der Zuschauer der Reihe der tanzenden Frauen an. Laut singend wirbelte er die Reihe hinunter; dabei wehte sein rot-gelbes Gewand wie eine bunte Fahne. »Ich tanze, ich tanze, und niemand kann mich anhalten«, jubilierte er, »doch muß ich aufpassen, daß ich nicht wie ein Schmetterling auf den Boden falle.« Wie ein Kreisel wirbelte er umher und übertönte mit seiner Stimme den Gesang der Frauen.

»Ich hoffe inständig, daß sie ihn nicht fallenlassen«, sagte ich zu Jacquie, und beobachtete die beiden kurzen, fetten Frauen, die am Ende der Reihe mit verschränkten Händen etwas nervös auf ihren Herrn und Meister warteten.

Nach einer letzten raschen Drehung ließ sich der Fon rückwärts auf seine Frauen fallen, die ihn zwar hielten, aber unter dem Aufprall schwankten. Bei der »Landung« breitete er die Arme weit aus, so daß die Frauen für einen Augenblick hinter den fliegenden Ärmeln verschwanden, und man nur diesen riesigen bunten »Schmetterling« sah. Hingestreckt auf den Armen der Frauen strahlte er zu uns herüber. Sein Käppchen saß etwas schief. Dann schleuderten ihn die Frauen mit aller Kraft auf den Boden. Lachend und keuchend kam er zu uns zurück und warf sich in seinen Sessel.

»Mein Freund, welch feiner Tanz«, sagte ich voller Bewunderung, »du bist mächtig stark.«

Jacquie, die ebenfalls von dieser Darbietung beeindruckt war, stimmte zu. »Ja, du hast viel Kraft.«

»Schöner Tanz, feiner Tanz«, sagte der Fon. Er lachte und füllte automatisch die drei Gläser.

»Ihr habt einen anderen Tanz hier in Bafut, den ich sehr liebe, ihr tanzt ihn mit Pferdeschwänzen«, sagte ich.

»Ah, ja, ja, ich weiß schon, den Pferdeschwanztanz.«

»Richtig, mein Freund, wirst du ihn meiner Frau einmal zeigen?«

»Aber ja, mein Freund.« Der Fon lehnte sich vor und gab einen Befehl. Eine der Frauen eilte aus dem Saal. Der Fon drehte sich um und lächelte Jacquie zu.

»Bald bringen sie Pferdeschwänze, und dann tanzen wir.«

Kurz darauf kam die Frau mit einem Bündel weißer, seidiger Pferdeschwänze zurück; sie waren 60 und mehr Zentimeter lang und steckten in kunstvollen Haltern, die aus Leder geflochten waren. Der Fon hatte einen besonders langen und prächtigen. Die Riemen für die Halter waren blau, rot und gold gefärbt. Mit einer eleganten, langsamen Bewegung schwang er den Schwanz durch die Luft. Das Haar rieselte und flutete wie eine Rauchwolke vor ihm her. Zwanzig Frauen mit Pferdeschwänzen bildeten auf der Tanzfläche einen Kreis. Der Fon stellte sich in die Mitte. Auf ein Zeichen mit dem Pferdeschwanz setzte die Kapelle ein, und der Tanz begann.

Dieser Pferdeschwanztanz ist zweifellos der sinnenfreudigste und schönste aller Bafuttänze. Der Rhythmus ist ungewöhnlich; kleine Trommeln führen mit hartem Stakkatoschlag, unter dem die großen Trommeln rumpeln und brummen. Die Bambusflöten piepsen und zirpen so hell, daß sie mit den Trommeln nichts gemeinsam zu haben scheinen und doch wunderbar mit ihnen verschmelzen. Zu der Melodie drehen sich die Frauen langsam in Uhrzeigerrichtung; die Füße führen kleine, abgemessene Schritte aus, mit den Pferdeschwänzen wedeln sie leicht vor den Gesichtern hin und her. Der Fon tanzt unterdessen im Kreis gegen den Uhrzeiger, hopst, stampft und dreht sich in einer eigenartig steifen, ungelenken Weise, während seine Hand mit unglaublicher Geschwindigkeit den Pferdeschwanz in hübschen, kunstvollen Kapriolen durch die Luft schwenkt. Die Wirkung ist eigenartig und fast unwirklich.

Eben noch gleichen die Tanzenden einem Beet aus weißem Seetang, das mit den Wellen schwingt, im nächsten Augenblick stampft der Fon steifbeinig wie ein seltener Vogel mit weißen Federn im Balztanz zwischen seinen Hennen. Diese langsame Pavane und die graziösen Bewegungen der Schwänze haben eine eigenartig hypnotische Wirkung auf die Zuschauer; und wenn der Tanz mit einem Trommelwirbel endet, schwingen und kreisen immer noch die wedelnden Pferdeschwänze vor den Augen.

Beschwingt kam der Fon über die Tanzfläche auf uns zu, den Pferdeschwanz leger wirbelnd, und sank in seinen Sessel. Atemlos strahlte er Jacquie an. »Gefällt dir der Tanz?« fragte er.

»Er war wunderschön«, sagte sie, »er gefiel mir sehr.«

»Gut, gut.« Der Fon war zufrieden. Er beugte sich vor und untersuchte die Whiskyflasche; aber sie war leider leer. Taktvoll verschwieg ich, daß drüben im Gästehaus noch einige Flaschen standen. Trübsinnig betrachtete der Fon die Flasche. »Whisky zu Ende«, stellte er fest.

»Ja«, war meine wenig entgegenkommende Antwort.

»Dann müssen wir eben Gin trinken.« Der Fon war unverwüstlich.

Mir sank der Mut. Ich hatte gehofft, wir würden zu etwas Harmloserem übergehen, etwa zu Bier, um die Wirkung des reichlichen, hochprozentigen Alkohols zu dämpfen. Der Fon schrie einer der Frauen einen Befehl zu. Sie lief davon und kam bald darauf mit einer Flasche Gin und einer Flasche Bittern zurück. Wenn der Fon Gin trank, goß er das Glas halb voll Gin und färbte ihn dann tiefbraun mit Bittern. Mit der Mischung konnte man ohne weiteres einen Elefanten umbringen. Jacquie, die zusah, wie mir der Fon diesen Cocktail mischte, bat eilig, davon befreit zu werden, der Arzt habe ihr Gin verboten. Obwohl der Fon offensichtlich nicht viel von einem Arzt und einem solchen Verbot hielt, erfüllte er ihren Wunsch.

Die Kapelle setzte wieder ein. Alles, was Beine hatte, strömte zur Tanzfläche. Man tanzte einzeln und in Paaren. Als der Rhythmus des Tanzes es erlaubte, standen Jacquie und ich auf und tanzten einen schnellen Foxtrott. Der Fon feuerte uns durch Zurufe an, seine Frauen schrien vor Vergnügen.

»Fein, fein«, rief er uns zu, als wir vorbeiwalzten.

»Danke, mein Freund«, rief ich zurück und steuerte Jacquie durch die Schar der Hofräte, die in ihren bunten Roben wie ein Blumenbeet aussahen.

»Wenn du mir bloß nicht immerzu auf die Füße treten würdest«, meinte Jacquie kläglich.

»Es tut mir leid, zu dieser Stunde klappt es mit meiner Navigation nicht mehr so genau.«

»Das merke ich«, war die Antwort.

»Warum tanzt du nicht mit dem Fon?« fragte ich.

»Ich habe auch schon daran gedacht, war aber nicht sicher, ob ich ihn als Frau auffordern kann.«

»Er wird entzückt sein, bitte ihn um den nächsten Tanz.«

»Was soll ich mit ihm tanzen?«

»Bring ihm etwas bei, was zu seinem lateinamerikanischen Repertoire paßt. Wie wär's mit einer Rumba?«

»Eine Samba dürfte zu dieser Nachtstunde leichter sein«, meinte Jacquie. Als der Tanz beendet war, gingen wir zurück zu unseren Plätzen, wo der Fon mein Glas wieder gefüllt hatte.

»Mein Freund, erinnerst du dich an den europäischen Tanz, den ich dir beigebracht habe, als ich bei dir in Bafut war?« fragte ich.

»Ja, ja, ein feiner Tanz«, strahlte er.

»Meine Frau möchte mit dir tanzen und dir einen anderen europäischen Tanz zeigen. Einverstanden?«

»Wah!« bellte der Fon voller Begeisterung. »Fein, fein. Deine Frau wird mein Lehrer sein. Fein, fein. Einverstanden.«

Als wir eine Melodie fanden, die die Kapelle spielen konnte und die eine leichte Ähnlichkeit mit einer Samba hatte, erhoben sich Jacquie und der Fon. Alle Anwesenden beobachteten sie voller Spannung. Der Gegensatz zwischen dem riesigen Fon und Jacquies 1,55 Metern reizte mich zum Lachen. Schnell zeigte Jacquie dem Fon die einfachen Grundschritte der Samba, die der Fon zu meiner Überraschung ohne Schwierigkeiten begriff. Dann nahm er Jacquie in den Arm und fort waren sie. Es war köstlich anzusehen, wie der Fon Jacquie fest an sich zog, so daß sie fast vollständig in seinen fließenden Gewändern verschwand. Manchmal konnte man sie überhaupt nicht mehr sehen. Dann meinte man, der Fon, dem auf mysteriöse Weise ein zweites Paar Beine gewachsen war, tanze mit sich selbst. Noch etwas kam mir an dem Tanz komisch vor. Zuerst erkannte ich es nicht, dann sah ich, daß

Jacquie den Fon führte. Sie walzten lachend an mir vorbei und amüsierten sich beide großartig.

»Du tanzt fein, mein Freund. Du hast gut gelernt von meiner Frau!« schrie ich.

»Ja, ja!« brüllte der Fon über Jacquies Kopf hinweg. »Feiner Tanz. Deine Frau gute Frau für mich.« Nach einer Viertelstunde kamen sie endlich erhitzt und atemlos an ihre Plätze zurück. Der Fon nahm einen riesigen Schluck reinen Gin zur Wiederbelebung und beugte sich dann zu mir. »Deine Frau fein«, teilte er mir in einem rauhen Flüstern mit. Vermutlich meinte er, das Lob könne Jacquie den Kopf verdrehen. »Sie tanzt fein. Sie feine Lehrer. Sie bekommt jetzt Mimbo . . . Extramimbo werde ich ihr geben.«

Ich drehte mich zu Jacquie um, die sich ahnungslos fächelte.

»Du hast großen Eindruck auf unseren Gastgeber gemacht«, sagte ich.

»Er ist ein guter, alter Bursche, und er tanzt außergewöhnlich gut. Hast du gesehen, wie er im Handumdrehen die Sambà begriffen hat?«

»Ja«, antwortete ich, »er war von dir als Lehrerin so begeistert, daß er dich belohnen will.«

Jacquie sah mich argwöhnisch an. »Er will mich belohnen?«

»Du bekommst eine Kalebasse mit Extramimbo – Palmwein.«

»Du liebe Güte, ich kann das Zeug nicht ausstehen.« Jacquie war entsetzt.

»Sei vernünftig, nimm das Glas, probier es und dann frag' ihn, ob du es mit seinen Frauen teilen darfst.«

Fünf Kalebassen wurden hereingebracht, jede mit grünen Blättern verstöpselt. Der Fon probierte alle, bevor er entschied, welcher Wein der beste sei. Dann wurde ein Glas gefüllt und Jacquie gereicht. Sie dachte an ihre gute Erziehung, nahm einen Schluck, rollte ihn im Munde umher und schluckte; dann erschien ein Ausdruck intensiver Zufriedenheit auf ihrem Gesicht.

»Der Mimbo ist großartig«, rief sie, als habe man ihr eben einen Napoléon angeboten. Der Fon strahlte. Da er sie genau beobachtete, nahm Jacquie einen zweiten Schluck.

Noch größer schien ihr Entzücken.

»Dies ist der beste Mimbo, den ich je getrunken habe«, sagte sie.

»Ha, gut! Feiner Mimbo. Neuer Mimbo.«

»Erlaubst du, daß deine Frauen ihn mit mir trinken?« fragte Jacquie.

»Aber ja.« Auf eine großartige Handbewegung hin, raschelten die Frauen heran. Sie grinsten schüchtern, und Jacquie goß ihnen rasch den Rest des Mimbo in die rosa Handflächen.

In diesem Augenblick — der Stand der Ginflasche war alarmierend gesunken — sah ich auf meine Uhr und mit Entsetzen stellte ich fest, daß es in zweieinhalb Stunden dämmern würde. Da ich am Morgen viel zu tun hatte, entschuldigte ich uns, und wir brachen auf. Der Fon bestand darauf, uns mit der Kapelle bis zur Treppe des Gästehauses zu bringen. Hier umarmte er uns liebevoll.

»Gute Nacht, mein Freund.« Er schüttelte meine Hand.

»Gute Nacht. Vielen Dank. Es war sehr schön.«

»Ja, vielen, vielen Dank«, stimmte Jacquie ein.

»Wah«, sagte der Fon und tätschelte Jacquie den Kopf, »wir haben fein getanzt. Du bist gute Frau für mich, eh?«

Wir sahen ihm nach, wie er über den weiten Hof davonging, groß und elegant in seinen Gewändern. Der Bursche mit der Lampe, die einen Teich von goldenem Licht um ihn warf, trottete neben ihm her. Sie verschwanden in dem Gewirr von Hütten. Da Zwitschern der Flöten und das Dröhnen der Trommeln wurde schwächer und erstarb schließlich. Dann hörten wir nur noch die Rufe der Grillen und Laubfrösche und die schwachen, tutenden Schreie der Fledermause.

Als wir endlich unter unsere Moskitonetze krochen, krähte irgendwo in der Ferne heiser und verschlafen der erste Hahn.

Mein guter Freund,
allseits guten Morgen! Deine Nachricht habe ich erhalten
und den Inhalt gut verstanden. Mein Husten ist etwas besser,
aber nicht viel.
Ich bin einverstanden, daß Du meinen Jeep gegen wöchent-
liche Abrechnung mietest. Ich bitte aber, ihn mir zu über-
lassen, wenn ich zu einer Versammlung nach N'dop, Be-
menda oder sonstwohin fahren muß oder ihn für irgendeine
andere dringende Sache brauche.
Außerdem möchte ich Dich an die letzte Fahrt erinnern, die
Du noch nicht bezahlt hast.

Dein guter Freund
Fon von Bafut

Sobald Bob und Sophie nachgekommen waren, gingen wir daran, unsere umfangreiche, ständig wachsende Sammlung systematisch zu ordnen. Wir hatten die große, schattige Veranda des Obergeschosses in Abteilungen geteilt. Eine Abteilung war für Reptilien, eine für Vögel und die dritte für Säugetiere. Jeder von uns mußte sich um eine Gruppe kümmern und bei den anderen helfen, wenn er eher fertig war. Schon am frühen Morgen gingen wir noch in Schlafanzügen auf die Veranda, um die Tiere zu beobachten und uns zu vergewissern, ob sie gesund seien. Nur durch genaue tägliche Inspektionen lernt man die Tiere so gut kennen, daß man schon das geringste Anzeichen einer Krankheit bemerkt, während der Uneingeweihte sie noch für normal und gesund hält. Dann säuberten und fütterten wir die empfindlicheren, wie zum Beispiel die Sonnenvögel, die beim ersten Tageslicht ihren Nektar bekommen müssen, und die Jungen, die auf ihre Flasche warteten. Erst danach gab es für uns Frühstück. Während des Essens verglichen wir die Aufzeichnungen über unsere Schützlinge. Unsere Tischgespräche, die sich meistens um die Verdauung der Tiere drehten, hätten jedem normalen Sterblichen den Appetit verschlagen. Durchfall oder Verstopfung ist bei einem Tier der beste Hinweis, daß das Futter falsch war, und das erste, manchmal das einzige Symptom für eine Krankheit.
Bei einer Expedition ist im allgemeinen das Fangen selbst der leichteste Teil. Sobald die Eingeborenen wissen, daß man lebende Tiere kaufen will, bringen sie mehr, als man gebrauchen kann. Nur hier und da ist eine Rarität darunter, neunzig Prozent sind unbrauchbare Durchschnittsware. Für ausgesprochene Seltenheiten muß man selbst auf Fang gehen; unterdessen bringen einem die Eingeborenen alles andere ins

Haus. Man kann also behaupten, es sei einfach, die Tiere zu bekommen; die Schwierigkeit besteht nur darin, sie am Leben zu erhalten, wenn man sie erst einmal hat.

Bei einem frisch gefangenen Tier ist nicht der Schock, eingesperrt zu sein, am schlimmsten, sondern der Umstand, daß es in der Gefangenschaft mit dem für ihn ärgsten Feind, dem Menschen, zusammenleben muß. Sehr oft gewöhnt sich ein Tier ausgezeichnet an die Gefangenschaft, kann sich jedoch nicht damit abfinden, in so enger Nachbarschaft mit dem Menschen zu leben. Diese scheinbar unüberwindliche Schranke läßt sich nur durch Geduld und Liebe beseitigen. Manchmal wird dich ein Tier monatelang anfauchen und nach dir schnappen, sobald du dich seinem Käfig näherst, und du möchtest schon verzweifeln, ob du jemals einen guten Eindruck bei ihm erweckst. Eines Tages dann, manchmal völlig unerwartet, wird es dir entgegenkommen und das Futter von dir annehmen. Dann weißt du, daß alles Warten und alle Mühe sich gelohnt haben.

Das Füttern ist natürlich eine unserer Hauptsorgen. Man muß ziemlich genau wissen, was jedes Tier in der Freiheit frißt, man muß auch einen passenden Ersatz ausprobieren, wenn die natürliche Nahrung einmal nicht zu beschaffen ist, und man muß dem Tier beibringen, diesen Ersatz zu fressen.

Auch die oft sehr verschiedenartigen Sympathien und Antipathien der einzelnen Tiere wollen beachtet sein. Ich hatte einmal ein Nagetier, das jede normale Kost der Nager, wie Obst, Brot, Gemüse, verweigerte und sich drei Tage lang nur von Spaghetti ernährte. Dann hatte ich fünf Affen, alle gleichen Alters und von derselben Art, die höchst seltsame Idiosynkrasien an den Tag legten. Zwei von ihnen liebten hartgekochte Eier; die anderen drei hingegen hatten Angst vor diesen seltsam geformten, weißen Dingern und wollten sie nicht anrühren, ja, sie begannen zu schreien, wenn ein so schreckliches Objekt in ihren Käfig gesteckt wurde. Alle fünf aßen gern Orangen. Vier schälten die Frucht vorsichtig und warfen die Schale fort. Auch der fünfte pellte seine

Orange ab, warf dann aber die Frucht fort und fraß die Schale. Bei der Pflege von mehreren hundert Geschöpfen, die alle irgendwelche eigentümlichen Vorlieben zeigen, kann man bei dem Versuch, ihre Leidenschaften zu befriedigen und sie gesund und glücklich zu halten, manchmal fast verrückt werden.

Eine der mühsamsten und enttäuschendsten Aufgaben ist das Aufziehen junger Tiere mit der Flasche. Zunächst sind die Jungen im allgemeinen recht ungeschickt beim Annehmen einer Flasche, und es gibt nichts Ungemütlicheres, als mit einem Tierbaby in einem See lauwarmer Milch zu streiten. Sodann müssen die Tiere, besonders nachts, warm gehalten werden; das bedeutete mehrmaliges Aufstehen in der Nacht, um die Wärmflaschen zu füllen, es sei denn, man nimmt die Tiere mit ins Bett, was meistens das Endergebnis ist. Wenn man nach einem harten Arbeitstag um 3 Uhr morgens aus dem Bett muß, um Wärmflaschen zu füllen, verliert der Sport bald seinen Reiz.

Und schließlich haben alle jungen Tiere einen überempfindlichen Magen. Man muß wie ein Schießhund aufpassen, daß die Milch weder zu fett noch zu mager ist. Durch zu fette Milch entstehen leicht Darmstörungen, die zu Nierenbeschwerden führen und den Tod bedeuten können; zu magere Milch hat Gewichtsverlust zur Folge und Anfälligkeit für alle möglichen Krankheiten.

Im Widerspruch zu meinen düsteren Prophezeiungen entwickelte sich das junge Schwarzohrhörnchen Small zu einem Musterbaby. Untertags lag es zusammengerollt in einem Bett aus Watte, die wir auf eine Wärmflasche in einer tiefen Keksdose gelegt hatten. Nachts stellten wir die Dose neben unsere Betten unter eine Infrarotlampe. Sehr bald merkten wir, daß Small einen ausgeprägten eigenen Willen besaß. Für ihre Winzigkeit machte die junge Dame außergewöhnlich viel Lärm. Ihr Schreien klang wie das Gackern einer Henne oder wie das Rasseln eines billigen Weckers. Schon nach vierundzwanzig Stunden wußte sie genau, wann es Essen gab. Waren wir auch nur fünf Minuten zu spät, schnarrte und gackerte sie, bis wir es endlich brachten. Dann kam der große Tag, an dem Small zum ersten Mal ihre Augen öffnete und einen Blick auf ihre Pflegeeltern und die Welt im allgemeinen warf. Das hatte ungeahnte Folgen. Gerade an dem Tag kamen wir etwas spät mit dem Futter. Wir hatten uns in ein Gespräch über Tiere vertieft und, wie ich gestehen mußte, Small ganz vergessen. Plötzlich hörte ich hinter mir leises Rascheln. Ich wandte mich um und sah Small auf der Schwelle zum Eßzimmer hocken mit einer recht ungnädigen Miene. Sobald sie uns erspäht hatte, rasselte sie los, raste durchs Zimmer, zog sich keuchend an Jacquies Stuhl hoch und sprang ihr auf die Schulter. Dort blieb sie mit auf- und abflappendem Schwanz sitzen und schrie meiner Frau böse ins Ohr. Für ein so kleines Eichhörnchen war das alles eine ziemliche Leistung. Sie hatte, wie ich eben erzählte, gerade zum ersten Mal die Augen geöffnet und es dann fertiggebracht, sich aus ihrer Keksdose herauszuziehen, den Weg durch das mit Fotoausrüstung vollgestapelte Schlafzimmer zu finden, die Veranda entlangzulaufen, vorbei an Käfigen mit Tieren, die womöglich gefährlich waren, und uns dann schließlich — vermutlich an unseren Stimmen — im Eßzimmer am äußersten Ende der Veranda ausgemacht. Damit hatte sie mindestens siebzig Meter durch unbekanntes Territorium und unzählige Gefahren zurückgelegt, nur um uns mitzuteilen, daß sie hungrig sei. Ich brauche wohl nicht zu sagen, daß sie ihr wohlverdientes Lob erhielt und, was für sie das Wichtigste war, ihr Mittagessen bekam.

Seitdem Smalls Augen nicht mehr geschlossen waren, wuchs sie erstaunlich schnell und entwickelte sich zu einem der reizendsten Eichhörnchen, das ich je gesehen habe. Der orangefarbene Kopf mit den zierlichen schwarzumrandeten Ohren stand in auffallendem Gegensatz zu den großen schwarzen Augen. Ihr runder Körper bekam eine satte moosgrüne Färbung, auf der die beiden Reihen weißer Flecken an den Flanken wie Katzenaugen an einem dunklen Weg wirkten. Der Schwanz jedoch war das Prächtigste an ihr. Lang und dick, oben grün, unten lebhaft orange, bot er einen wunderbaren

Anblick. Am liebsten legte sie ihn über den Rücken, so daß sein Ende genau über der Nase hing, flappte leicht mit dem Schwanz und bewegte ihn in leisen Wellen hin und her. Es sah aus wie eine Kerzenflamme im Luftzug.

Auch als Small schon recht groß war, schlief sie noch in ihrer Keksdose neben unseren Betten. Wenn sie morgens aufwachte, schrie sie laut und vernehmlich, sprang auf unser Bett und schlüpfte zu uns unter die Decke. Hatte sie zehn Minuten lang ihre verschlafenen Vize-Eltern untersucht, sprang sie wieder hinunter und begab sich zu einem Inspektionsgang auf die Veranda. Von ihrem Eroberungszug kam sie dann häufig mit einer Beute — etwa einer verfaulten Banane, einem trockenen Blatt oder einer Bougainvilleablüte — zurück, die sie in unseren Betten zu verstecken suchte, und wurde sehr ungehalten, wenn wir die Gaben hinauswarfen. Derartige Spielchen trieb sie einige Monate lang, bis ich eines Tages entschied, Small müsse wie alle anderen Tiere in einen Käfig. Ich war nämlich eines Morgens ganz entsetzt aufgewacht, als sie sich abmühte, mir eine Erdnuß ins Ohr zu stopfen. Wahrscheinlich meinte sie, diese Delikatesse, die sie auf der Veranda gefunden hatte, sei in meinem Bett nicht sicher genug und mein Ohr ein besseres Versteck dafür.

Bug-eyes, der nadelklauige Maki, den wir bei Eshobi gefangen hatten, zählte auch zu unseren Babies, obwohl er vollkommen entwöhnt war, als wir ihn fingen. In kürzester Zeit wurde dieses Tiermädchen zahm und unser Liebling. Für ihre Größe hatte sie enorme Hände und Füße mit langen, dünnen Fingern und Zehen. Immer wieder entzückte sie uns, wie sie auf ihren langen Hinterbeinen im Käfig herumtanzte und eine Motte oder einen Schmetterling verfolgte, die wir hineingesetzt hatten, die riesigen Hände wie vor Entsetzen gehoben, mit Augen, die fast aus dem Kopf sprangen. Hatte sie das Insekt gefangen, hielt sie es fest in der rosa Hand und betrachtete es mit wilden, weit aufgerissenen Augen, als wundere sie sich, wie das Tier plötzlich dahingekommen sei. Dann stopfte sie sich die Beute in den Mund, aus dem bald ein Schmetterlingsflügel wie ein zitternder

Schnurrbart heraushing, und zwei große Augen blickten darüber hinweg erstaunt in die Welt.

Bug-eyes zeigte mir auch als erste eine erstaunliche Angewohnheit der Buschbabies, die ich — ich muß es zu meiner Schande gestehen — bisher nie beobachtet hatte, obwohl ich zahreiche Buschbabies großzog. Eines Morgens beobachtete ich, wie sie aus der Schlafkiste heraussprang, um zu fressen und anschließend Toilette zu machen. Wie ich schon sagte, hat sie große Ohren, zart wie Blütenblätter. Damit die hauchdünnen, durchsichtigen Ohrmuscheln nicht beschädigt werden, können sie wie Segel zusammengerollt und an den Kopf angelegt werden. Die Ohren sind nämlich für das Buschbaby außerordentlich wichtig. Schon das leiseste Geräusch wird aufgefangen, und die Ohren werden ihm wie ein Radarschim entgegengedreht. Ich hatte öfter gesehen, daß Bug-eyes stets sehr viel Zeit auf die Reinigung ihrer Ohren verwendete. An jenem Morgen beobachtete ich den Vorgang von Anfang bis zum Ende und war sehr überrascht von dem, was ich sah. Zuerst saß sie auf einem Zweig, starrte verträumt vor sich hin und säuberte umständlich den Schwanz. Wie sie da sorgfältig das Haar teilte, damit keine Kletten und Knoten darinblieben, erinnerte sie mich an ein kleines Mädchen, das sich die Haare kämmt. Dann legte sie eine ihrer überdimensionalen, marionettenhaften Hände neben sich und machte einen Tropfen Urin darauf, rieb mit dem Ausdruck großer Anspannung die Hände und begann, die Ohren mit dem Urin einzuölen wie ein Mann, der sich Brillantine ins Haar reibt. Mit einem zweiten Tropfen massierte sie sorgfältig Fußsohlen und Handflächen. Ich saß da und staunte. Ich beobachtete das Buschbaby drei Tage, bevor ich sicher war, mich nicht getäuscht zu haben; denn dies erschien mir eine der seltsamsten Angewohnheiten bei einem Tier. Der einzige Grund dafür wird wohl folgender sein: da die Haut der Ohren sehr dünn und empfindlich ist, würde sie trocken und brüchig werden, wenn sie nicht angefeuchtet wird, und das wäre gefährlich für ein Tier, das ganz und gar auf sein Gehör angewiesen ist. Dasselbe gilt für die empfindliche Haut der Fußsohlen und Handflächen. Doch hat hier die verwendete Flüssigkeit noch einen zweiten Vorteil. Hand- und Fußsohlen sind leicht gewölbt und verhalten sich wie die Saugnäpfe an den Zehen der Laubfrösche. Feucht werden diese »Saugnäpfe« beim Buschbaby doppelt wirksam, wenn das Tier von Ast zu Ast springt.

Als wir später noch eine Menge Demidoff-Buschbabies bekamen — die kleinsten dieser Art, nicht größer als eine Maus —, bemerkte ich bei ihnen allen die gleiche Angewohnheit. Der tägliche Kontakt mit den Tieren, bei dem man beobachten, lernen und aufzeichnen kann, gehört für mich zum Interessantesten einer Fangexpedition. Jeden Tag, ja eigentlich jeden Augenblick, geschieht etwas Neues und Bemerkenswertes. Die nachfolgenden Eintragungen des Tagebuchs zeigen anschaulich, wie jeder Tag von neuen Aufgaben und seltsamen Beobachtungen nur so strotzte.

14. Februar: Zwei Patas-Affen eingetroffen; beide an Zehen und Fingern schwer von Sandflöhen befallen. Ich mußte die Flöhe herausschneiden und vorbeugend Penicillin spritzen. — Die junge Zibet-Katze gab ihre erste Erwachsenen-»Vorstellung«; als ich mich dem Käfig näherte, sträubten sich ihre Haare, dabei schnaufte sie tiefer und durchdringender, als es sonst beim Füttern ihre Gewohnheit war. — Große Laubbrauenkröte mit außergewöhnlich starken Augenbeschwerden erhalten. Ein großes, bösartiges Geschwür hinter dem Augapfel hatte das Tier erblinden lassen und war dann nach außen gewachsen. Dadurch sah die Kröte aus, als trüge sie einen Luftballon über dem Auge. Sie schien keine Schmerzen zu haben, darum versuchte ich nicht, das Geschwür zu entfernen.

20. Februar: Endlich fand Bob nach vielen Experimenten heraus, was die Haarfrösche fressen: Schnecken. Was hatten wir nicht alles versucht: junge Mäuse und Ratten, kleine Vögel, Eier, Käfer, Käferlarven und Heuschrecken — alles ohne Erfolg. Schnecken verschlingen sie gierig. Wir können jetzt also hoffen, die Frösche lebend nach England zu bringen. — Die Demidoff-Buschbabies haben eine Nierenkolik. Zwei

heute früh durchnäßt gefunden, als hätten sie gebadet, habe die Milch für sie verdünnt, wahrscheinlich war sie zu fett. Außerdem mehr Insekten zum Füttern für sie beschafft. Die fünf jungen Demidoffs gedeihen immer noch gut mit Complan-Milch; das wundert mich, denn die Milch ist unglaublich fett, und wenn gewöhnliche Trockenmilch schon den erwachsenen Buschbabies nicht bekommt, so müßte man die gleiche Wirkung auf die Jungen erwarten.

16. März: Zwei schöne Kobras erhalten, die eine von 1,80 Meter, die andere von 60 Zentimetern Länge. Beide haben sofort Nahrung angenommen. — Die besten Eingänge heute waren ein Zwergmungoweibchen mit zwei Jungen. Die Babies sind noch blind und im Vergleich zu der dunkelbraunen Mutter außergewöhnlich hell. Ich habe die Jungen der Mutter fortgenommen, um sie mit der Flasche aufzuziehen, denn die Alte würde sie vernachlässigen oder töten, wenn ich sie ihr ließe.

17. März: Die Zwergmungos weigern sich entschieden, aus der Flasche oder einem Füllfederhalter zu trinken. Darum gab ich sie der Mutter zurück; ich hätte sie sonst nicht durchgebracht. Zu meinem Erstaunen nahm sie die Jungen und nährte sie. Das ist sehr ungewöhnlich. — Heute zwei Beinbrüche. Eine Woodford-Eule, die in einer Falle gefangen wurde, und ein junger Habicht mit einem Grünholzbruch. Ich fürchte, die Eule wird das Bein nicht mehr gebrauchen können, denn die Bänder scheinen gerissen und der Knochen stark gesplittert zu sein. Das Bein des Habichts wird in Ordnung kommen, es ist ein junges Tier. Beide fressen gut. — Die Demidoffs geben ein schwaches, miauendes Zischen von sich, wenn man sie nachts stört. Das ist der einzige Laut, den ich bei ihnen beobachtet habe, ausgenommen ein Zwitschern wie bei Fledermäusen, wenn sie miteinander streiten. — Die Krallenfrösche schreien jetzt nachts; es ist ein schwaches, piependes Geräusch, etwa so, als wenn man leicht mit dem Fingernagel gegen den Rand eines Glases schnippt.

2. April. Heute brachte man einen jungen, etwa zwei Jahre alten männlichen Schimpansen. War in einem fürchterlichen

Zustand. Man hatte ihn in einer Drahtschlinge für Antilopen gefangen, dabei waren der linke Arm und die linke Hand zu Schaden gekommen. Handfläche und Gelenk waren aufgerissen und brandig. Das Tier war so schwach, daß es nicht aufrecht sitzen konnte. Die Haut hatte einen gelblich-grauen Ton. Ich verband die Wunden und spritzte Penicillin. Fuhr mit ihm nach Bemenda zum Tierarzt. Trotz Stimulanzien Lethargie und die seltsame Hautfarbe, die mir nicht gefielen. Der Tierarzt nahm eine Blutprobe und stellte Schlafkrankheit fest. Taten alles mögliche, doch das Tier fällt schnell ab; es ist rührend dankbar für alles, was man ihm antut.

3. April: Schimpanse gestorben. Schimpansen gehören zu den »geschützten« Tieren, doch werden sie hier in Bafut wie auch in anderen Teilen Kameruns regelmäßig getötet und gegessen. — Die große Rhinozeros-Viper gefüttert, mit — kleinen Ratten —. Eins der grünen Waldeichhörnchen scheint eine kahle Stelle auf dem Rücken zu bekommen. Wahrscheinlich Vitaminmangel. Verabreiche mehr Abidec. — Da wir jetzt genügend Eier von Webervögeln bekommen, gebe ich den Eichhörnchen täglich zusätzlich zu ihrer gewöhnlichen Kost davon. — Wenn die Quastenstachelschweine nachts gestört werden, schlagen sie einen raschen Trommelwirbel mit den Hinterbeinen (genauso wie ein wildes Eichhörnchen). Dann schwingen sie das Hinterteil herum, um der Gefahr ins Auge zu sehen und rascheln mit dem Stachelbündel am Schwanzende. Das Geräusch erinnerte an eine Klapperschlange.

5. April: Habe herausgefunden, wie man das Geschlecht der Ottos-Affen leichter bestimmen kann. Heute schones Pottos-Männchen erhalten. Die Merkmale sind bei beiden Geschlechtern erstaunlich ähnlich; die einfachste Art ist, sie zu beriechen. Die Hoden des Männchens erzeugen einen zarten, süßlichen Geruch wie Birnensaft, wenn das Tier befühlt wird.

Wir waren nicht die einzigen, die sich für unsere Tiere interessierten. Die meisten Einheimischen hatten sie nie gesehen und baten, die Sammlung besuchen zu dürfen. Eines Tages fragte der Leiter der Missionsschule an, ob er mit der ganzen Schule, mit mehr als zweihundert Buben, kommen dürfe. Ich stimmte gern zu; ich meine nämlich, daß es gut ist, das Interesse der Eingeborenen für ihre heimatliche Tierwelt und deren Erhaltung zu wecken. Am verabredeten Tag kamen also die Buben in Doppelreihe den Weg heruntermarschiert, geführt von fünf Lehrern. Auf dem Weg unterhalb des Gästehauses wurde die Schar in Gruppen von zwanzig aufgeteilt und von je einem Lehrer heraufgebracht. Jacquie, Sophie, Bob und ich postierten uns in Reichweite, um Fragen zu beantworten. Die Jungen benahmen sich mustergültig. Es gab kein Stoßen, Drängen oder Herumtollen. Sie wanderten von Käfig zu Käfig, gefesselt und begeistert. Bei jedem für sie neuen Wunder stießen sie erstaunte »Wah«-Rufe aus und schnippten vor Vergnügen mit den Fingern. Als schließlich die letzte Gruppe durch die Tierschau geführt war, versammelte der Schulleiter alle Jungen am Fuß der Treppe und wandte sich dann strahlend mir zu.

»Sir, wir sind Ihnen sehr dankbar, daß Sie uns erlaubt haben, Ihre zoologische Sammlung anzusehen. Würden Sie wohl so liebenswürdig sein und einige Fragen der Jungen beantworten?«

»Aber ja, mit Vergnügen.« Ich stellte mich auf die Treppe oberhalb meiner Gäste.

»Jungen!« brüllte er, »Mister Durrell will freundlich einige Fragen beantworten. Also, wer hat eine Frage?«

Das Meer schwarzer Gesichter unter mir wandte sich nachdenkend zu mir empor. Die Zungen schoben sich zwischen die Lippen, die Zehen bohrten sich in den Sand. Zuerst zögernd, dann aber mit schwindender Verlegenheit, immer schneller, schossen sie Fragen auf mich ab, die von erstaunlicher Intelligenz und Einfühlungsgabe zeugten. Mir fiel in der vordersten Reihe ein Junge auf, der mich schon bei der Besichtigung mit einem Basiliskenblick durchbohrt hatte. Seine Stirn war von Konzentration gefurcht, steif stand er in Hab-acht-Stellung. Als schließlich der Vorrat an Fragen versickerte, nahm er plötzlich allen Mut zusammen und schnellte den Zeigefinger hoch.

»Nun, Uano, was willst du wissen?« fragte der Schulleiter und sah stolz lächelnd zu ihm hinunter.

Uano holte tief Luft und schleuderte mir seine Frage entgegen.

»Bitte, Sah, kann uns Mr. Durrell sagen, warum er machen so viele Fotos von den Frauen des Fon?«

Das Lächeln auf dem Gesicht des Meisters verschwand und er warf mir einen Blick des Bedauerns zu.

»Das ist keine Frage, die zur Sache gehört, Uano«, sagte er streng.

»Aber bitte Sah, warum?« wiederholte Uano eigensinnig.

Der Direktor schaute wütend drein. »Das ist keine zoologische Frage!« donnerte er. »Mr. Durrell wollte uns nur zoologische Fragen beantworten. Deine Frage nach den Frauen des Fon ist nicht zoologisch.«

»Wenn man großzügig ist, Direktor, ist es dann nicht vielleicht eine biologische Frage?« ich wollte dem Jungen helfen.

»Nein, Sir, solche Fragen sollten die Jungen Ihnen nicht stellen.«

Der Boß wischte sich den Schweiß vom Gesicht.

»Nun, ich beantworte die Frage gern. In meiner Heimat möchten die Menschen wissen, wie man in anderen Ländern lebt und aussieht. Ich kann es ihnen natürlich erzählen, aber das ist nicht das gleiche, als wenn ich ihnen Fotografien zeige. Von einem Foto wissen sie ganz genau, wie alles aussieht.«

»Siehst du, Mr. Durrell hat deine Frage beantwortet«, der Direktor fuhr sich mit der Hand in den Kragen. »Mr. Durrell hat aber sehr viel zu tun und keine Zeit für weitere Fragen. Bitte, ordnet euch ein.«

Die Jungen stellten sich in zwei tadellosen Reihen auf, der Direktor schüttelte mir die Hand und versicherte noch einmal, wie dankbar sie mir alle waren. Dann wandte er sich wieder an die Jungen.

»Jetzt dankt Mr. Durrell mit drei kräftigen Hurras.«

Zweihundert Jungen brüllten drei kräftige Hurras; dann zogen die Jungen an der Spitze aus Säcken, die sie mit sich trugen, mehrere Bambusflöten und zwei Trommeln. Der Boß winkte mit der Hand und los ging's, den Weg hinunter, angeführt von der Schulkapelle, die ausgerechnet »Men of Harlech«* spielte. Der Direktor folgte ihnen und wischte sich das Gesicht. Die düsteren Blicke, die den braven Uano trafen, versprachen nichts Gutes für ihn.

Am Abend kam der Fon zu einem Whisky herüber. Als wir ihm die Zugänge unserer Sammlung gezeigt hatten und auf der Veranda saßen, erzählte ich ihm von Uanos »zoologischer« Frage. Der Fon konnte nicht aufhören vor Lachen, vor allem über die Verlegenheit des Direktors.

»Warum sagtest du ihnen nicht«, fragte er und wischte sich die Augen, »daß du die Fotos machst, um allen Europäern zu zeigen, wie schön die Frauen in Bafut sind?«

»Der Junge war noch ein Kind, ich glaube, er war zu klein dafür.

»Das ist wahr«, kicherte der Fon, »er ist ein Kind, er ist glücklich, er hat keine Frauen, die ihn an der Nase herumführen.«

Ich versuchte, die Unterhaltung vom Für und Wider des Ehelebens abzulenken. »Man hat mir erzählt, du wirst morgen nach N'dop gehen. Stimmt das?«

»Ja, das stimmt«, antwortete der Fon, »ich gehe für zwei Tage, es ist Gerichtstag in N'dop. Ich komme zurück morgen nach morgen.«

»Schön!« Ich hob mein Glas, »gute Reise, mein Freund.«

In eine prächtige gelb-schwarze Robe gehüllt und angetan mit einem seltsamen Hut, der reich bestickt und mit langen, herabhängenden Ohrenklappen versehen war, nahm der Fon am nächsten Morgen auf dem Vordersitz seines neuen Jeeps Platz. Auf den Rücksitz kamen die Reiseutensilien, drei Flaschen Whisky, seine Lieblingsfrau und drei Mitglieder des Rates. Lebhaft winkte er uns zu, bis das Fahrzeug um die Ecke verschwunden war.

* Patriotisches Lied der Waliser

Als ich am Abend die letzten Pflichten des Tages erledigt hatte, ging ich auf die vordere Veranda, um Luft zu schnappen. Unter mir auf dem großen Hof bemerkte ich eine Menge Kinder des Fon. Neugierig beobachtete ich sie. Sie stellten sich zu einem großen Kreis in der Mitte des Platzes auf und begannen nach langem Hin und Her zu singen und rhythmisch in die Hände zu klatschen. Ein Siebenjähriger, der im Zentrum des Kreises stand, begleitete sie auf einer Trommel. Mit ihren jungen Stimmen sangen sie einige der schönsten und rührendsten Lieder von Bafut. Ich vermutete, daß dies keine gewöhnliche Zusammenkunft war. Die Kinder hatten sich aus einem bestimmten Grund versammelt. Doch konnte ich mir nicht denken, was sie feiern mochten — vielleicht die Abwesenheit ihres Vaters? Ich beobachtete die Kinder eine Zeitlang, bis unser Hausboy, müde und leise, wie es seine Art war, neben mir auftauchte.

»Abendbrot fertig, Sah.«

»Danke, John. Sag mir, warum die Kinder singen im Hof des Fon.«

John lächelte schüchtern.

»Weil der Fon gegangen nach N'dop, Sah.«

»Ja, aber warum singen sie dann?«

»Wenn der Fon nicht sein hier, Sah, diese Kinder müssen singen jeden Abend im Hof des Fon. So sie halten seinen Besitz warm.«

Welch reizende Idee. Ich spähte zu den Kindern hinunter, die vergnügt in der dunklen Weite des Hofes sangen, um den Besitz ihres Vaters warmzuhalten.

»Warum tanzen sie nicht?« fragte ich.

»Sie haben kein Licht, Sah.«

»Bring ihnen unsere Lampe aus dem Schlafzimmer. Sag ihnen, ich schicke sie, damit ich helfen kann, den Besitz ihres Vaters warmzuhalten.«

»Ja, Sah.« John grinste entzückt. Er rannte, um die Lampe zu holen, und bald sah ich einen goldenen Schein um den Kreis der Kinder. Das Singen wurde unterbrochen. John richtete meine Botschaft aus. Dann kam eine Reihe freudiger

Juchzer, und die grellen Stimmen tönten zu mir herauf: »Danke, Masa, danke!« Als wir beim Abendessen saßen, sangen die Kinder wie Lerchen. Sie stampften und drehten sich um die Lampe. Ihre langen, schmalen Schatten wurden von der leise zischenden Lampe über den halben Hof geworfen.

Mein guter Freund,
würdest Du uns die Freude machen und heute abend um
8 Uhr zu einem Glas Scotch zu uns herüberkommen?

Dein Freund
Gerald Durrell

Mein guter Freund,
erwarte mich um 7.30 Uhr. Danke schön.

Dein guter Freund
Fon von Bafut

Für das Drehen von Tierfilmen hat man verschiedene Möglichkeiten. Die beste ist ohne Zweifel, eine Gruppe von Kameraleuten mindestens zwei Jahre in die Tropen zu schicken, und die Tiere in ihrer natürlichen Umwelt zu filmen. Unglücklicherweise ist diese Methode sehr kostspielig und deshalb undurchführbar, es sei denn, man hat die Geldmittel Hollywoods hinter sich.

Für Menschen wie mich mit weniger Zeit und Geld gibt es nur den Weg, die Tiere unter geschaffenen Bedingungen zu filmen. Im Urwald sind die Schwierigkeiten so groß, daß selbst der mutigste Fotograf kapituliert. Zunächst bekommt man — wie schon gesagt — kaum wilde Tiere zu Gesicht, und wenn schon einmal eins auftaucht, dann nur für einen kurzen Augenblick, bis es hastig im Unterholz verschwindet. Es wäre wirklich ein Wunder, sollte man einmal zur rechten Zeit, am rechten Platz, die Kamera bereit und richtig eingestellt, das Tier vor der Nase und obendrein in passender Haltung und fotogener Beschäftigung finden. Darum muß man die Tiere fangen und an die Gefangenschaft gewöhnen. Haben sie die Furcht vor dem Menschen verloren, dann kann man mit der Arbeit beginnen. In einem großen, mit Netzen abgesicherten »Raum« baut man eine Szene auf, die der natürlichen Umwelt des Tieres so weit wie möglich gleicht und die — vom fotografischen Standpunkt aus — passend sein muß. Das heißt, sie darf nicht zu viele Verstecke haben, in die ein scheues Wesen schlüpfen kann; das Unterholz darf nicht zu dicht sein, sonst gibt das unglückliche Schattenflecken und so weiter. Dann macht man seinen »Helden« mit der Szene bekannt und gibt ihm genügend Zeit, sich daran zu gewöhnen. Das kann eine Stunde, aber auch mehrere Tage dauern.

Voraussetzung dafür ist natürlich, daß man die Gewohnheiten des Tieres kennt, und daß man weiß, wie es sich unter bestimmten Umständen verhalten wird. Eine hungrige Beutelratte zum Beispiel wird in einer ihr gemäßen Umgebung mit einer üppigen Auswahl von Waldfrüchten auf dem Boden sofort damit beginnen, so viel wie möglich davon in ihre riesigen Backentaschen zu stopfen und am Ende aussehen, als litte sie an Ziegenpeter. Wenn du mehr zeigen willst als Bilder von einem Tier, das wahllos zwischen Büschen und Gras herumwandert, mußt du für Umstände sorgen, in denen das Tier typische Angewohnheiten oder interessante Handlungen zeigt. Aber auch dann, wenn alles nach Wunsch vorbereitet ist, brauchst du Geduld und Glück. Nicht einmal einem zahmen Tier kannst du wie einem Schauspieler sagen, wie es sich bewegen soll. Nicht selten wird das Tier, das wochenlang die gleiche Vorstellung gegeben hat, vor der Kamera Lampenfieber bekommen und sich weigern, in Aktion zu treten. Hat man nach stundenlangem Mühen in der heißen, tropischen Sonne alles vorbereitet und wird dann so enttäuscht, möchte man am liebsten Selbstmord begehen.

Ein Musterbeispiel für Schwierigkeiten bei der Tierfotografie bot das Zwergmoschustier. Diese reizenden kleinen Antilopen sind so groß wie Foxterrier. Sie haben ein dichtes, walnußbraunes Fell, hübsch gezeichnet mit weißen Streifen und Flecken. Die kleinen, zierlichen, schön gemusterten Tiere sind außergewöhnlich fotogen. Vom Zwergmoschustier gibt es viel Interessantes zu berichten, zum Beispiel das amphibische Leben, das es in der Freiheit führt. Es watet und schwimmt meistens in den Waldbächen und ist sogar in der Lage, ziemlich lange unter Wasser zu schwimmen. Seltsam ist auch die Vorliebe der Zwergmoschustiere für Schnecken und Käfer. Diese Ernährungsweise ist für Antilopen zumindest ungewöhnlich. Schließlich sind die Tiere ganz besonders friedlich und zahm. Ich hatte einmal ein Zwergmoschustier, das eine Stunde nach dem Fang von mir Futter annahm und sich die Ohren kraulen ließ. Es tat, als sei es in der Gefangenschaft geboren.

Auch unser Zwergmoschustier, eine reizende junge Dame, bildete keine Ausnahme. Sie war ungewöhnlich zahm, liebte es, sich Kopf und Bauch streicheln zu lassen, und verschlang mit größtem Genuß jede Menge an Schnecken und Käfern, die man ihr brachte. Außerdem suchte sie zu jeder Zeit in ihrem Trinknapf zu baden, in den sie mit großer Anstrengung gerade eben das Hinterteil hineinzwängen konnte.

Um also ihre Vorliebe für Fleisch und Wasser zu demonstrieren, baute ich eine Bühne an einem kleinen Fluß auf. Der Hintergrund war sorgfältig gewählt, um die anpassungsfähige Schutzfärbung so gut wie möglich zu zeigen. An einem wolkenlosen Morgen, als die Sonne günstig am Himmel stand, trugen wir den Käfig auf unsere Bühne und machten alles fertig, das Tier auszusetzen.

»Ich fürchte nur eins, daß sie sich nicht lebhaft genug zeigen wird; du weißt, wie still sie ist«, sagte ich zu Jacquie, »sie wird vermutlich in die Mitte der Szene laufen und sich nicht mehr bewegen.«

»Nun, wenn wir ihr von der anderen Seite eine Schnecke oder sonst einen Leckerbissen zeigen, wird sie schon über die Bühne laufen«, beruhigte mich Jacquie.

»Wenn sie nur nicht wie eine Kuh auf einer Wiese dasteht. Ich möchte sie irgendwie in Bewegung bringen«, sagte ich.

Unsere Antilope geriet viel mehr in Bewegung, als ich erhofft hatte. Sobald die Käfigtür offen war, trat sie mit zierlichen Schritten heraus, dann zögerte sie einen Augenblick, den schlanken Fuß erhoben. Ich machte die Kamera parat und wartete auf die nächste Bewegung. Diese war ganz und gar unprogrammäßig. Das Tier schoß wie eine Rakete durch meine sorgfältig vorbereitete Bühne, rannte durch das Netz, als sei es nicht vorhanden, und verschwand in der Bildmitte im Unterholz, bevor wir eine Hand rühren konnten. Wir reagierten zu langsam, denn so etwas hatten wir nicht erwarten können. Doch als ich meine wertvolle Zwergmoschusdame verschwinden sah, stieß ich ein solches Angstgeheul aus, daß jedermann, sogar unser Koch Philipp, alles stehen und liegen ließ und wie von Zauberhand auf der Bildfläche erschien.

»Wasser-Beef forgelaufen!« brüllte ich, »ich gebe dem Mann zehn Schilling, der es fängt.«

Der Erfolg dieses großzügigen Angebots war überwältigend. Eine Meute von Eingeborenen schoß wie ein Schwarm hungriger Heuschrecken in das Unterholz, in dem die Antilope verschwunden war. Nach fünf Minuten tauchte Philipp mit Feldwebelgebrüll aus dem Gebüsch auf, die um sich schlagende Antilope fest an die Brust gedrückt. Als wir sie wieder in ihrem Käfig hatten, stand sie ruhig da und starrte uns mit unschuldigen Augen an, als sei sie erstaunt über die Aufregung. Freundlich leckte sie meine Hand; ich kraulte sie hinter den Ohren, sie schloß die Augen und ließ es sich unbeteiligt gefallen. Den Rest des Tages verbrachten wir damit, das Unglückswurm zu filmen. Solange sie im Käfig war, führte sie sich mustergültig auf; sie planschte in der Wasserschüssel herum, um zu zeigen, wie sehr sie Wasser liebte; sie fraß Käfer und Schnecken, um zu zeigen, wie gern sie Fleisch fraß. In dem Augenblick jedoch, in dem wir sie auf die Bühne brachten, stürzte sie davon, als sei ihr ein Rudel Leoparden auf den Fersen. Am Abend war ich verschwitzt und erschöpft und hatte 20 Meter Film verkurbelt, auf dem sie stocksteif vor dem Käfig stand. Enttäuscht trugen wir den Käfig ins Gästehaus zurück. Das Zwergmoschustier lag derweil friedlich auf einem Bananenblatt und kaute Käfer. Wir haben keinen Versuch mehr unternommen, unsere Heldin zu filmen.

Auch eine junge Woodford-Eule, die wir in einem einzigartigen Mangel an Originalität Woody getauft hatten, bereitete mir ungeahnte Aufregung beim Fotografieren. Die Woodfords sind sehr schöne Eulen. Sie haben ein dichtes schokoladenbraunes Gefieder mit weißen Klecksen und wohl den schönsten Augen der ganzen Eulenfamilie. Die Augen sind groß, schwarz und feucht mit schweren, rosa-malvenfarbenen Lidern. Wenn die Eulen die Lider mit langsamer Bewegung heben, sehen sie wie eine Filmdiva aus, die über ein Come-back nachdenkt. Dieses verführerische Heben der Wimpern wird von einem lauten kastagnettenähnlichen Klicken des Schnabels begleitet. In der Aufregung ist die Bewegung der Lider ganz besonders ausgeprägt, und die Eulen schwingen dabei auf ihrer Sitzstange hin und her, als ob sie Hula-Hula tanzen wollten. Plötzlich breiten sie ihre Schwingen aus, klicken mit dem Schnabel nach dir und machen den Eindruck eines zornigen Racheengels auf einem Grabstein. Alles, was ich hier beschrieben habe, führte Woody in ihrem Käfig mit höchster Vollkommenheit aus. Sie gab sogar eine Vorstellung auf Befehl, wenn man ihr nur einen saftigen Leckerbissen hinhielt. Ich war darum sicher, daß ich Woody ohne Schwierigkeiten filmen könnte und nur für eine passende Szenerie zu sorgen brauchte.

In dem Netzzelt, das ich zum Fotografieren von Vögeln benutzte, baute ich als Kulisse einen Waldbaum auf, der mit Schlingpflanzen und Parasiten dicht überwachsen war und grünes Laub und blauen Himmel als Hintergrund hatte. Dann brachte ich Woody heraus und setzte sie auf einen Zweig. Die Rolle, die sie spielen sollte, war einfach und natürlich und beanspruchte nach meiner Meinung das Gehirn einer Eule nicht zu sehr. Bei einigermaßen gutem Willen konnte die ganze Angelegenheit in zehn Minuten erledigt sein. Unsere Freundin saß auf ihrem Zweig und betrachtete uns mit großäugigem Entsetzen. Unterdessen ging ich hinter meine Kamera in Stellung. Gerade in dem Augenblick, in dem ich auf den Auslöser drückte, zwinkerte sie einmal rasch mit den Lidern und drehte uns und der Kamera dann entschlossen den Rücken, als habe sie tiefe Abneigung gegen uns ergriffen. Ich hielt mir vor, daß Geduld das wichtigste Requisit des Tierfotografen ist, wischte mir den Schweiß von der Stirn, ging zu Woody, drehte sie herum und wandte mich zur Kamera. Als ich dort angelangt war, hatte Woody uns bereits wieder den Rücken gekehrt. Ich nahm an, das Licht sei vielleicht zu grell. Darum schickte ich einige meiner Leute los, um Zweige zu holen. Ich ordnete sie dann so an, daß Woody nicht direkt von den Sonnensrahlen getroffen wurde. Trotzdem drehte sie uns fortgesetzt den Rücken zu. Wollte ich die Eule filmen, blieb mir also nur eins übrig, ich mußte die ganze Szene umkehren. Mit erheblichen Anstrengungen bewegten wir etwa eine Tonne Unterholz und ordneten es so an, daß Woody in die von ihr bevorzugte Richtung blickte. Während wir schwitzten und uns abmühten, saß Woody da und betrachtete uns erstaunt mit ihren großen Augen. Sie erlaubte mir großzügig, die Kamera in die richtige Stellung zu bringen — das war nicht so einfach, weil ich jetzt Gegenlicht hatte —, doch dann drehte sie mir gelassen den Rücken zu. Am liebsten hätte ich sie erwürgt. Verdächtige schwarze Wolken zogen herauf, die bald die Sonne verdunkeln würden; so war weiteres Fotografieren unmöglich. Ich packte darum meine Kamera zusammen. Mit Mordgelüsten ging ich zu dem Ast, um meinen Star einzupacken. Als ich näher kam, wandte Woody sich um, klickte vergnügt mit dem Schnabel, vollführte einen rasenden Hula-Hula und breitete dann die Schwingen aus, um sich vor mir mit dem gemacht-schüchternen Ausdruck eines Schauspielers beim siebzehnten Vorhang zu verbeugen.

Natürlich ärgerten uns nicht alle unsere Filmstars. Der beste Streifen gelang mir tatsächlich mit einem Minimum an Anstrengung und in Rekordzeit. Wenn man ihn jetzt sieht, meint man, es müsse viel schwieriger gewesen sein, die Vorstellung zu inszenieren, als eine Eule zu veranlassen, die Flügel auszubreiten. Ich brauchte einige Aufnahmen von einer Eierschlange, die ein Nest ausraubt. Die Eierschlangen sind etwa 60 Zentimeter lang und sehr dünn. Sie haben eine rosa-braune Haut mit dunkleren Sprenkeln und hervorstehende, silbernschimmernde Augen mit vertikalen Pupillen wie Katzen. Das Eigenartige an ihnen ist, daß etwa 8 Zentimeter hinter dem Rachen die Wirbel hervortreten und wie Stalaktiten herunterhängen — innerlich natürlich. Wenn das Reptil ein Ei verschluckt, gleitet es bis unmittelbar unter diese Wirbel. Dann zieht die Schlange die Muskeln zusammen, und die Wirbelspitzen brechen das Ei auf. Dotter und Eiweiß werden aufgenommen, die zerbrochene Schale wird als plattgedrücktes Kügelchen ausgeschieden. Der ganze Prozeß ist außergewöhnlich und — soweit ich weiß — bisher nicht im Film festgehalten.

Wir hatten damals sechs Eierschlangen und alle glichen einander zu meiner Freude in Größe und Färbung. Die Kinder des Dorfes trieben einen schwunghaften Handel mit den Eiern der Webervögel, mit denen wir die Schlangen fütterten, und die sie in großen Mengen fraßen. Tatsächlich genügte es, ein Ei in den Käfig zu legen, um einen verschlafenen Haufen von Schlangen in ein ringelndes Bündel zu verwandeln, wobei jede Schlange versuchte, zuerst an die Beute zu gelangen. Wenn sie sich auch im Käfig vorbildlich zeigten, war ich nach meinen Erfahrungen mit Woody und mit dem Zwergmoschustier etwas skeptisch. Ich erfand also mit einem blühenden Busch, in dessen Zweigen ein Nest lag, eine passende Szene. In das Nest legte ich ein Dutzend blaue Eier. Dann bekamen die Schlangen drei Tage lang keine Eier, damit sie hungrig wurden. Das schadet ihnen nicht; alle Schlangen vertragen lange Fastenzeiten, einige größere Boa-Arten sogar Monate und Jahre. Als ich annehmen konnte, meine Stars wären hungrig genug, begann ich mit der Arbeit.

Der Käfig mit den Schlangen wurde auf die Bühne gebracht. Die leuchtend blauen Eier lagen im Nest, über dem ich eins der Reptilien in die Zweige setzte. Ich löste die Kamera aus und wartete. Die Schlange lag schlapp auf den Zweigen und schien nach der kühlen Dämmerung des Käfigs etwas benommen. Dann züngelte sie, wandte aufmerksam den Kopf hin und her und glitt schließlich mit eleganter Geschmeidigkeit durch die Zweige auf das Nest zu. Langsam schlängelte sie sich näher heran. Als sie den Rand des Nestes erreicht hatte, spähte sie hinein und erblickte mit ihren scharfen, silbrigen Augen die Eier. Die Zunge schoß hervor, und als ob sie damit die Eier beröche, beschnüffelte sie sie behutsam wie ein Hund ein Paket Hundekuchen. Dann schob sie sich noch etwas mehr in das Nest hinein, wandte den Kopf zur Seite und verschlang ein Ei. Schlangen können die Kinnladen aushaken und so eine Beute passieren lassen, die auf den ersten Blick viel zu groß erscheint. Der Eierfresser bildete keine Ausnahme. Er hakte jetzt vorsichtig die Kinnladen aus, die Haut des Schlundes streckte sich, bis jede Schuppe einzeln hervortrat und das Blau des Eies durch die feine, angespannte Haut hindurchschimmerte, als es sich langsam weiterschob. Als das Ei etwa 3 Zentimeter geglitten war, hielt das Tier einen Augenblick nachdenklich an und schwang sich aus dem Nest heraus ins Geäst. Dabei rieb es die Schwellung in seinem Leib, die durch das Ei entstanden war, an den Zweigen, so daß es weiter und weiter geschoben wurde.

Ermutigt durch diesen Erfolg, beförderten wir die Schlange wieder in ihren Behälter, damit sie ihre Mahlzeit in Ruhe verdaue. Ich veränderte die Stellung der Kamera und setzte ein größeres Objektiv ein, legte ein neues Ei ins Nest und nahm dann eine zweite Schlange heraus. Jetzt kam uns zustatten, daß alle Schlangen die gleiche Größe und Farbe hatten. Da die erste ihr Ei verdauen mußte, bevor sie wieder Hunger bekam, konnten wir sie für die Nahaufnahmen nicht verwenden. Die neue jedoch, die der ersten vollkommen glich, war hungrig wie ein Wolf. Ohne Mühe bekam ich meine Nahaufnahmen, wie die Schlange rasch den Ast hinunterglitt und ein Ei nahm. Mit zwei weiteren Schlangen wiederholte ich das Schauspiel. Am Ende schnitten wir die vier einzelnen Folgen und niemand erriet, daß in dem Film vier verschiedene Schlangen auftraten.

Alle Bafuter, der Fon eingeschlossen, waren von unserer Filmarbeit fasziniert, denn vor einiger Zeit hatten sie den ersten Film ihres Lebens gesehen. Ein Cinemobil führte in Bafut den Farbfilm von der Krönung der englischen Königin vor, der sie sehr begeisterte. Noch während unseres Aufenthalts war dieses Ereignis, das länger als anderthalb Jahre zurücklag, der Gegenstand vieler Gespräche. Ich nahm darum an, es würde den Fon und seine Ratgeber interessieren, mehr über das Filmen zu erfahren. So lud ich sie ein, uns an einem Morgen beim Filmen zuzusehen. Sie nahmen begeistert an.

»Was wirst du filmen?« fragte Jacquie.

»Solange es etwas Harmloses ist, ist es eigentlich ganz gleich«, meinte ich.

»Warum soll es harmlos sein?« fragte Jacquie.

»Ich möchte kein Risiko eingehen, denn ich glaube, ich würde nicht länger Persona grata bleiben, wenn der Fon von irgendeinem Ungeheuer gebissen wird.«

»Du liebe Güte, das wäre das Letzte«, mischte Bob sich ein, »was willst du also filmen?«

»Ich brauche ein paar Aufnahmen von den Beutelratten. Wir können sie also bei der Gelegenheit machen. Die Tiere tun keiner Fliege etwas.«

Am nächsten Morgen bereiteten wir alles vor. Die Szenerie stellte ein Stückchen Waldboden dar, den ich auf einem Dexion-Gestell aufgebaut hatte. Aus einer Spezial-Nylon-Plane hatten wir einen Baldachin gemacht, unter dem der Fon und sein Hofstaat Platz nehmen sollten. Dann benachrichtigten wir den Fon, daß wir ihn erwarteten.

Es war ein köstliches Schauspiel, wie er und seine Ratgeber über den großen Hof auf uns zukamen. Voran der Fon in kleidsamer blau-weißer Robe. Neben ihm trottete seine Lieblingsfrau und schützte ihn vor der Sonne mit einem riesigen orangeroten Schirm; es folgten die Ratgeber in ihren fließenden Gewändern von grüner, roter, orangegelber, scharlachroter, weißer und gelber Farbe. Um diese Phalanx herum schoben und drückten sich ungefähr vierzig Kinder des Fon wie kleine schwarze Käfer um einen großen, farbenprächtigen Schmetterling. Langsam zog die Prozession um das Gästehaus herum zu unserem improvisierten Studio.

»Morgen, mein Freund, wir sind gekommen, dein Kino zu sehen«, rief der Fon lachend.

»Willkommen, mein Freund«, entgegnete ich, »wollen wir erst ein Glas zusammen trinken?«

»Wah! Natürlich!« antwortete der Fon und ließ sich vorsichtig auf einem unserer Feldstühle nieder.

Ich schenkte ein. Beim Trinken erklärte ich dem Fon die Geheimnisse der Fotografie. Ich zeigte ihm, wie die Kamera funktionierte und erklärte, daß jedes winzige Bild eine andere Bewegung festhält.

»Werden wir den Film sehen, den du jetzt machst?« fragte der Fon, als er die Grundlagen der Fotografie begriffen hatte.

»Ich muß ihn mit in mein Land nehmen und dort fertigmachen«, sagte ich betrübt, »so kann ich ihn dir erst zeigen, wenn ich wieder nach Kamerun komme.«

»Ah, gut«, sagte der Fon, »wenn du also zurückkommst in mein Land, werden wir eine glückliche Zeit haben, und du wirst mir zeigen deinen Film.«

Wir genehmigten ein weiteres Glas auf meine baldige Rückkehr.

Unterdessen war alles so weit, und wir konnten dem Fon den Ablauf der Filmaufnahmen vorführen. Sophie fungierte als Regieassistentin. Sie trug Hemd und Hosen, Sonnenbrille und einen überdimensionalen Strohhut und hockte zusammengekrümmt auf einem kleinen Feldstuhl, Papier und Bleistift zur Hand, um über jede Aufnahme Notizen zu machen. Nicht weit von ihr kauerte neben dem Aufnahmegerät Jacquie, eine Batterie Reservekameras um den Nacken. Bob stand nahe der Bühne als »Einpauker«, bewaffnet mit einem Zweig und dem Käfig, in dem unsere Stars mit voller Lautstärke quietschten. Ich stellte die Kamera ein, postierte mich hinter sie und gab das Zeichen zum Anfangen. Der Fon und seine Minister beobachteten schweigend und hingerissen, wie Bob die beiden Beutelratten vorsichtig auf die Bühne setzte und sie mit dem Zweig in meine Richtung dirigierte. Ich löste aus. Der hohe, summende Ton des Geräts entlockte den Zuschauern anerkennende Ah-Rufe.

Gerade in dem Augenblick trabte ein kleiner Junge mit einer Kalebasse auf die Bühne und ging, ohne sich um die Versammlung zu kümmern, auf Bob zu, dem er seine Gaben anbot. Ich war ganz damit beschäftigt, im Sucher meine Stars zu erhaschen, so daß ich der Unterhaltung zwischen Bob und dem Kind keine Beachtung schenkte.

»Nun, was ist das?« fragte Bob und nahm die Kalebasse, deren Öffnung mit grünen Palmblättern verschlossen war.

»Fleisch«, war die bündige Antwort.

Anstatt das Kind weiter über das Fleisch auszufragen, zog Bob den Palmblätterstöpsel aus der Öffnung. Die Folgen überraschten nicht nur ihn, sondern alle Anwesenden. Eine zwei Meter lange Mamba schoß wie ein »Teufel aus der Kiste« und fiel auf den Boden.

»Gebt auf eure Füße acht!« schrie Bob.

Ich nahm das Auge vom Sucher und sah mich einer grünen Mamba gegenüber, die durch die Beine des Stativs zielsicher auf mich zuglitt. Mit zierlicher Anmut, die einer Primaballerina in Ballettschuhen alle Ehre gemacht hätte, sprang ich hoch und zurück. Im gleichen Augenblick brach die Hölle los. Die Schlange glitt an mir vorbei und mit ziemlicher Geschwindigkeit auf Sophie zu. Sophie dachte daran, daß Vorsicht die Mutter der Weisheit ist, ergriff Bleistift, Block und aus einem unerfindlichen Grund auch ihren Feldstuhl und rannte wie ein Hase auf die dicht gedrängten Reihen der Ratgeber zu. Unglücklicherweise war das die Richtung, in die es auch die Schlange zog. Sie folgte Sophie hart auf den Fersen. Den Räten genügte ein Blick auf Sophie, die offensichtlich die Schlange auf sie lenkte, und sie zögerten keinen Augenblick. Wie ein Mann machten sie kehrt und flohen. Nur der Fon blieb wie festgewurzelt auf seinem Stuhl sitzen; denn er war hinter dem Tisch mit den Getränken so eingeklemmt, daß er sich nicht bewegen konnte. »Nimm einen Stock!« rief ich Bob zu und rannte hinter der Schlange her. Ich wußte natürlich, daß die Schlange niemanden vorsätzlich angreifen würde, sie versuchte nur, einen möglichst großen Abstand von uns zu gewinnen. Bei fünfzig von Panik ergriffenen Afrikanern jedoch, die barfuß in alle Richtungen laufen, ist natürlich ein Unfall möglich, wenn sie von einer aufgestörten Schlange verfolgt werden. Nach Jacquies Aussage war die Szene unbeschreiblich. Die Räte rannten quer über den Hof, verfolgt von Sophie, die wiederum von der Schlange verfolgt wurde; dann kam ich und hinterher schließlich Bob mit einem Stock. Zu meiner Erleichterung hatte die Mamba den Fon links liegenlassen.

Endlich gelang es Bob und mir, die Mamba gegen die Stufen des Gästehauses zu treiben. Wir hielten sie mit dem Stock nieder, hoben sie auf und sperrten sie in einen unserer weiträumigen Schlangensäcke. Ich ging zum Fon, zu dem auch seine Räte aus allen Himmelsrichtungen zurückkehrten. Wenn man in irgendeinem Teil der Welt auf eine Schar Würdenträger eine Schlange gehetzt und sie damit in die Flucht getrieben hätte, müßte man sich auf endlose Beschuldigungen, auf schlechte Laune, gekränkte Würde und andere unerfreuliche Reaktionen der menschlichen Eitelkeit gefaßt machen. Nicht so in Afrika. Der Fon saß strahlend auf seinem Stuhl; die Räte schwatzten und lachten. Sie machten sich lustig über die Gefahr, die vorüber war, zogen sich gegenseitig auf, weil sie so schnell gerannt waren, und genossen im ganzen ausgiebig die komische Seite der Situation.

»Hast du sie festgehalten?« fragte der Fon und goß mir großzügig eine riesige Menge von meinem Whisky ein.

»Ja, wir haben sie«, dankbar nahm ich den Whisky. Der Fon beugte sich vor und grinste mich verschlagen an.

»Hast du gesehen, wie sie alle gerannt sind?« fragte er.

»Ja, sie rannten wie verrückt«, stimmte ich zu.

»Sie hatten Angst«, erklärte der Fon.

»Ja, das war eine böse Schlange.«

»Das ist wahr. All diese klein-kleinen Leute fürchten Schlangen zu sehr«, bestätigte der Fon. »Ich fürchte diese Schlange nicht. Alle meine Leute rennen . . . sie haben Angst . . . aber ich renne nicht.«

»Ja, mein Freund, das stimmt, du rennst nicht.«

»Ich hatte keine Angst«, wiederholte er, für den Fall, daß ich nicht verstanden hätte.

»Das stimmt, aber diese Schlange hatte Angst vor dir.«

»Sie hat Angst vor mir?« fragte der Fon überrascht.

»Ja, diese Schlange konnte dich nicht beißen . . . es ist eine böse Schlange, aber sie beißt nicht den Fon von Bafut.«

Der Fon lachte schallend über diese dreiste Schmeichelei. Dann, als er daran dachte, wie seine Räte gelaufen waren, lachte er noch mehr. Die Räte lachten mit. Schließlich brachen sie auf wie betrunken vor Vergnügen. Lange, nachdem sie verschwunden waren, hörten wir noch ihr ausgelassenes Gelächter und Geschwätz.

Mein guter Freund,
Euch allen einen guten Morgen. Ich habe Deine Nachricht er-
halten, aber leider ist meine Krankheit noch nicht besser als
gestern. Ich war traurig, daß ich wegen meiner Krankheit
nicht kommen konnte, um mit Dir zu trinken.
Für die Flasche Whisky und die Medizin, die Du mir ge-
schickt hast, danke ich Dir. Ich habe gestern abend und auch
heute morgen von der Medizin genommen, aber noch keine
Besserung. Was mich am meisten stört, ist der Husten. Wenn
du eine Medizin gegen Husten hast, bitte, schicke sie mir
durch den Überbringer dieser Zeilen. Ich glaube fast, auch
der Whisky wird helfen, doch habe ich noch nicht viel davon
getrunken. Bitte, kannst Du mir etwas Gin schicken?
Ich liege auf dem Bett.

Der Deinige, guter Freund
Fon von Bafut

Von allen Tieren, die ich auf meinen Expeditionen fing, zogen mich immer die Affen am meisten an. Sie sind köstlich kindlich, haben eine rasche Auffassungsgabe, einen herrlich unkomplizierten Charakter und eine unbekümmerte, heitere Haltung ihrem Dasein gegenüber. Dazu kommt ein geradezu rührendes Vertrauen zu den Menschen, wenn sie uns erst einmal als Pflegeeltern anerkannt haben.

Für die Einwohner Kameruns sind die Affen eines der wichtigsten Nahrungsmittel. Da Abschuß und Jagdzeit nicht gesetzlich geregelt sind, werden viele Affenmütter mit ihren Jungen abgeschlachtet. Die Mutter fällt getroffen vom Baum, während sich die Kleinen noch fest an sie klammern. In den meisten Fällen sind die Jungen unverletzt. Gewöhnlich werden Mutter und Junges getötet und gegessen; manchmal aber nimmt der Jäger das Junge mit in sein Dorf, um es zu schlachten, wenn es herangewachsen ist. Kommt jedoch ein Tierfänger in die Nähe, landen alle Waisenkinder bei ihm, da er fast immer über den üblichen Preis hinaus zahlt. So ist es nicht verwunderlich, daß man nach einigen Monaten Aufenthalt in Kamerun Affenpflegekinder aller Arten und jeden Alters hat.

Am Ende unserer Zeit in Bafut besaßen wir siebzehn Affen, zu denen ich in diesem Fall Menschenaffen und die primitiveren Mitglieder des Stammes, wie Pottos und Buschbabies, nicht rechne. Unsere Affen bereiteten uns immer wieder Vergnügen. Am schönsten gefärbt waren ohne Zweifel die Patas, schlanke Tiere, etwa so groß wie ein Terrier, mit glänzendem ingwerrotem Fell, rußschwarzen Gesichtern und einem weißen Chemisette. Die Patas leben meistens im Grasland, seltener im Wald, laufen wie Hunde in großen Familienrudeln herum und inspizieren emsig Wurzeln von Gräsern und verfaulte Baumstämme nach Insekten und Vogelnestern; auf der Suche nach Würmern, Skorpionen, Spinnen und anderen Leckerbissen drehen sie Steine um. Von Zeit zu Zeit richten sie sich auf, um über das Gras zu spähen, oder, wenn das Gras zu hoch ist, springen sie steil in die Luft, als würden sie von Federn hochgeschnellt. Entdecken sie etwas, was nach Gefahr riecht, stoßen sie laute Schreie aus, »proup... proup ... proup« und rennen durch das Gras in rhythmischem Galopp davon, wie kleine, rote Rennpferde.

Unsere vier Patas wohnten zusammen in einem großen Käfig. Wenn sie nicht damit beschäftigt waren, sich mit dem Ausdruck angespannter Konzentration auf ihren traurigen Gesichtern gegenseitig das Fell sorgfältig zu durchsuchen, erfreuten sie sich an eigenartigen »orientalischen« Tänzen. Patas sind die einzigen Affen, von denen ich weiß, daß sie wirklich tanzen. Die meisten Affen wirbeln während ihrer ausgelassenen Spiele herum oder springen in die Höhe; die Patas jedoch kennen regelrechte Tanzfolgen und haben dabei ein ziemlich umfangreiches Repertoire. Sie beginnen damit, daß sie wie ein Gummiball auf allen vieren in die Höhe hopsen; dabei werden sie immer schneller und springen immer höher, fast bis 60 Zentimeter hoch; dann halten sie an und zeigen eine neue »Schrittfolge«. Hinterfüße und Hinterteil bleiben ruhig, der Oberkörper schwingt wie ein Pendel zur Seite, und dabei dreht sich auch der Kopf von links nach rechts. Haben sie diese »Schritte« zwanzig- bis dreißigmal wiederholt, kommt eine neue Figur. Dabei stehen sie steif und aufrecht auf den Hinterbeinen, strecken die Arme über die Köpfe, die Gesichter zur Decke ihres Käfigs gerichtet. In dieser Haltung schwanken sie so lange im Kreise herum, bis ihnen schwindlig wird und sie auf den Rücken purzeln. Das Ganze begleiten sie mit einem kleinen Lied, etwa so: »Waaaaow... waaaaow... proup... waaaaow... proup«, das wesentlich anziehender und eingängiger ist als ein Durchschnittsschlager, gesungen von einem durchschnittlichen Schnulzensänger. Die Patas waren versessen auf lebendige Nahrung aller Art. Sie meinten, ihr Tag sei unvollkommen, wenn sie nicht wenigstens eine Handvoll Grashüpfer, ein paar Vogeleier, ein Bündel saftiger, haariger Spinnen bekamen. Besondere Leckerbissen waren für sie die Larven der Palmkäfer. Die in Kamerun sehr verbreiteten Palmkäfer, ovale Insekten von etwa 5 Zentimeter Länge, legen ihre Eier in moderne Baumstümpfe, mit Vorliebe in das weiche, faserige Innere der Palmen. In diesem feuchten, weichen Nahrungsbett entwickeln sich die Eier, und die Larven wachsen bald zu einem bläulich-weißen, 8 Zentimeter langen und daumendicken madenartigen Wesen heran. Die fetten, zusammengekrümmten Larven waren für die Patas eine Götterspeise, und ohrenbetäubendes Begeisterungsgeheul scholl mir entgegen, wenn ich mich mit einer Schüssel voll dieser Leckerei ihrem Käfig näherte. Eigenartig war, daß sie vor den Larven Angst hatten, so gern sie sie fraßen. Ich schüttete die Larven gewöhnlich auf den Boden. Die Patas hockten um den Haufen herum, schrien immer noch vor Vergnügen und berührten die Leckerbissen mit zögernden, zitternden Fingern. Sobald sich jedoch eine Larve bewegte, zogen sie die Hand hastig zurück und wischten sich schnell die Finger an ihrem Fell ab. Schließlich ergriff einer eine fette Larve, stopfte sie sich mit abweisendem Gesicht und geschlossenen Augen in den Mund und biß fest zu. Diese erbarmungslose Enthauptung beantwortete die Larve mit einem rasenden Todeskampf. Der Patas ließ sie eilig fallen und wischte sich die Hände ab; während er noch immer mit fest geschlossenen Augen und abwesendem Gesicht dasaß, kaute er auf dem abgebissenen Stückchen herum. Ich mußte dabei jedesmal an Leute denken, die zum erstenmal Austern essen. In der Absicht, den Patas etwas Gutes zu tun, verursachte ich, ohne es zu wollen, eines Tages einen wilden Aufruhr. Die Dorfkinder versorgten uns mit frischer Nahrung für unsere Tiere. Gleich nach Tagesanbruch erschienen sie mit Kalebassen voller Schnecken, Vogeleiern, Käferlarven, Grashüpfern, Spinnen, kleinen nackten Ratten und anderen seltenen Leckerbissen, an denen sich unsere Schützlinge gütlich taten. Eines Morgens brachte ein Junge außer den üblichen Schnekken und Palmkäferlarven zwei Larven des Goliathkäfers. Goliathkäfer sind die größten in der ganzen Welt. Ausgewachsen messen sie etwa 15 Zentimeter und haben eine Breite von 11 Zentimetern. Ich brauche kaum zu sagen, was für Ungeheuer die Larven sind. Auch sie sind ungefähr 15 Zentimeter lang und so dick wie mein Handgelenk. Sie haben die gleiche ungesunde Farbe wie Palmkäverlarven, sind aber wesentlich fetter. Ihre Haut ist faltig, zerknittert und runzlig; die flachen, nußbraunen Köpfe haben die Größe eines Zweimarkstückes, und die Kiefer können mächtig zwicken. Ich freute mich sehr über diese aufgedunsenen Riesen, denn ich nahm an, das Entzücken der Patas-Affen, die so wild auf Palmkäferlarven waren, würde beim Anblick dieser gigantischen Kleinigkeit grenzenlos sein.

Sobald sie ihre Zinnschüssel von Ferne erblickten, tanzten sie wie toll herum und schrien »proup ... proup«. Ich machte die Käfigtür auf und gleich setzten sie sich im Kreise hin; auf den kleinen schwarzen Gesichtern stand der übliche vergrämte Ausdruck, und die Hände waren flehend erhoben. Ich schob das Gefäß durch die Tür und hielt es etwas schräg, so daß die beiden Goliathlarven mit einem Plumps auf den Boden fielen. Dort blieben sie unbeweglich liegen. Wenn ich sage, die Patas waren überrascht, so trifft das nur die halbe Wahrheit; sie quietschten leise vor Erstaunen, rutschten auf dem Hinterteil rückwärts und betrachteten die sperrballongroßen Larven mit entsetztem Mißtrauen. Angespannt beobachteten sie die Larven eine Minute lang. Als sie sich nicht bewegten, wurden sie mutiger und rutschten wieder heran, um das seltsame Wesen genauer in Augenschein zu nehmen. Als sie den Leckerbissen von allen Seiten untersucht hatten, streckte ein besonders Mutiger den Arm aus und stupste sie mit dem Zeigefinger. Die Larve, die bis dahin in einer Art Trance auf dem Rücken gelegen hatte, erwachte, krümmte sich krampfartig und rollte sich majestätisch auf den Bauch. Die Wirkung dieser Bewegung auf die Patas war ungeheuer. Mit entsetzten Angstschreien flohen sie wie ein Mann in die äußerste Ecke ihres Käfigs, wo sie sich zu einem schmachvollen, feigen Haufen zusammendrängten. Es erinnerte mich fast an das Mauerballspiel in Eton; jeder meiner Patas bemühte sich, in den entferntesten Winkel zu gelangen, möglichst hinter alle anderen Genossen. Die Larve schleppte, nachdem sie einen Augenblick überlegt hatte, ihren aufgeschwollenen Körper mühsam über den Boden auf die Affen zu. Diese brachen in eine derartige Massenhysterie aus, daß ich eingreifen und die Larven entfernen mußte. Ich gab sie Ticky, der schwarzfüßigen Mungodame; die fürchtete sich vor nichts und erledigte die Ungetüme mit häufigem Zuschnappen und zweimaligem Schlucken. Die Patas waren für den Rest des Tages einfach erledigt. Wenn sie mich später mit dem Freßnapf kommen sahen, zogen sie sich eilig in die äußerste Käfigecke zurück und wagten sich erst dann hervor, wenn sie sicher waren, daß der Napf nichts Schlimmeres oder Schrecklicheres enthielt als Palmkäferlarven.

Einer unserer Lieblinge war· ein heranwachsendes Pavianweibchen mit Namen Georgina. Georgina war eine ausgesprochene Persönlichkeit und hatte einen etwas bösartigen Sinn für Humor. Ein Eingeborener hatte sie aufgezogen und als »Schoß-Wachhund« gehalten. Wir erwarben sie für die unglaubliche Summe von zehn Schillingen. Georgina war vollkommen zahm. Wir banden ihr einen Gürtel um die Taille und machten sie mit einem langen Strick tagsüber an einem Baum unterhalb des Gästehauses fest. Während der ersten Tage banden wir sie ziemlich dicht neben dem Tor an, das in den Besitz des Fons führte, und durch das ein täglicher Strom von Jägern, von alten Damen, die Eier verkauften, und von Kindern mit Schlangen hereinkam. Wir nahmen an, das ständige Kommen und Gehen würde Georgina beschäftigen und unterhalten. Das tat es auch, doch nicht so, wie wir es uns gedacht hatten. Sehr schnell fand Georgina heraus, daß sie bis ans Ende ihrer Leine gehen und sich hinter der Hibiskushecke verstecken konnte. Sobald ein ahnungsloser Afrikaner den Hof betrat, sprang sie aus dem Hinterhalt, faßte den armen Mann um die Beine und stieß dabei ein Geschrei aus, das selbst die stärksten Nerven erzittern ließ.

Der erste erfolgreiche Angriff richtete sich gegen einen alten Jäger, der uns, angetan mit den besten Gewändern, eine Kalebasse voller Ratten brachte. Langsam und würdevoll näherte er sich dem Tor wie ein Wohltäter, der uns seltene Tiere zum Verkauf anbieten wollte. Mit seiner aristokratischen Haltung war es jedoch vorbei, als er durch das Tor schritt. Sobald Georgina seine Beine in ihrem eisernen Griff hielt und fürchterlich schrie, ließ der Jäger die Kalebasse fallen. Das Gefäß zerbrach und die Ratten entkamen. Mit ängstlichem Geschrei sprang er hoch in die Luft und floh nicht eben sehr würdevoll den Pfad hinunter. Es kostete mich drei Päckchen Zigaretten und ziemlich viel Geschick, seine empörten Gefühle zu besänftigen. Mit einem Gesicht, als könne sie kein Wässerchen trüben, saß Georgina da. Als ich mit ihr schimpfte, hob sie nur die Augenbrauen und entblößte die blassen rosa Lider in unschuldigem Erstaunen.

Ihr nächstes Opfer war ein hübsches, sechzehnjähriges Mädchen, das eine Kalebasse voller Schnecken trug. Das Mädchen reagierte jedoch fast ebenso schnell wie Georgina. In dem Augenblick, als Georgina springen wollte, sah das Mädchen sie herankommen und sprang mit einem Angstschrei davon. Georgina erwischte dadurch nicht die Beine, sondern nur den herabhängenden Zipfel des Sarong; sie zog und hatte ihn plötzlich in den haarigen Händen. Die unglückliche Jungfrau stand da, so nackt wie am Tage ihrer Geburt. Georgina jubelte vor Entzücken, legte sich den Sarong wie einen Schal über den Kopf und schnatterte glücklich in sich hinein. Das arme Mädchen floh entsetzt in den Hibiskus und versuchte, ihre Blöße mit den Händen zu bedecken. Bob, der mit mir Zeuge dieses Zwischenfalles war, brauchte nicht zweimal gebeten zu werden hinunterzugehen, Georgina den Sarong zu entreißen und ihn der Jungfrau zurückzugeben.

Bisher war Georgina bei diesen Scharmützeln Sieger geblieben. Am nächsten Morgen jedoch überspannte sie den Bogen. Eine nette, alte Dame, nicht weniger als 180 Pfund schwer, watschelte keuchend den Pfad zum Tor hinauf. Auf dem Kopf balancierte sie vorsichtig einen Marmeladeneimer mit

Erdnußöl, das sie Philipp, unserem Koch, bringen wollte. Philipp, der die alte Dame erspäht hatte, stürzte aus der Küche, um sie zu warnen. Doch er kam zu spät. Lautlos wie ein Leopard sprang Georgina hinter der Hecke hervor, umklammerte die fetten Beine der alten Dame und stieß dabei ihr schreckliches Geheul aus. Die arme Alte war zu dick, um wie die anderen davonzuspringen. Wie angewurzelt blieb sie stehen; Georgina hatte ihre Fesseln liebevoll umfaßt. Die alte Dame schrie beinahe so laut wie Georgina. Während dieser zweistimmigen Kakophonie schwankte der Marmeladeneimer gefährlich auf dem Kopf der Alten. Da stapfte Philipp den Pfad herunter und schrie heisere Befehle, welche die alte Dame weder hören noch befolgen konnte. Als er sie erreichte, tat er etwas sehr Dummes; anstatt seine Aufmerksamkeit dem Eimer auf dem Kopf der Frau zuzuwenden, konzentrierte er sich auf ihre Beine. Er ergriff Georgina und versuchte sie fortzureißen, Georgina hingegen war nicht gewillt, ein so dralles, sympathisches Opfer ohne Widerspruch aufzugeben. Mit wütendem Geschrei hielt sie sich wie eine Klette fest. Philipp, der den Pavian um die Taille gefaßt hatte, zog mit Leibeskräften. Der Körper der Alten schwankte wie ein riesiger Baum kurz vor dem Fall. Der Marmeladeneimer gab den ungleichen Kampf auf und fiel, dem Gesetz der Schwerkraft folgend, krachend auf den Boden. Als er aufschlug, sprang eine Welle von Öl hoch und überschüttete die drei Beteiligten mit einem goldenen, klebrigen Wasserfall. Georgina, erschrocken über diese neue, schurkische und vielleicht gefährliche Form der Kriegsführung, stieß ein erschrockenes Grunzen aus, ließ die Beine der alten Dame fahren und zog sich ans Ende ihrer Leine zurück. Sie setzte sich und versuchte, ihr Fell vom klebrigen Öl zu säubern. Philipp sah aus, als schmölze er, von der Taille abwärts, langsam dahin. Der Sarong der Alten war völlig durchweicht.

»Wah!« schrie Philipp, »du dumme Frau, warum du werfen dieses Öl herunter?«

»Dämlicher Kerl! Dies Fleisch kommen mich beißen. Was ich machen?«

Unsere Alte war nicht weniger ungehalten.

»Dieser Affe nicht beißen, verdammte Närrin. Sein zahmer Affe«, brüllte Philipp, »du sehen, meine Kleider verdorben von Öl. Du sein schuld.«

»Nicht meine Schuld! Nicht meine Schuld!« keifte die Alte. Ihre eindrucksvolle Leibesfülle bebte wie ein Vulkan; »deine Schuld, Buschmann. Und all mein Kleid verdorben. All mein Öl 'runtergefallen.«

»Verfluchte, dämliche Frau!« trompetete Philipp, »du Buschfrau. Du werfen dies Öl 'runter . . . alle meine Kleider sein kaputt.«

Wütend stampfte er mit seinem enormen Fuß auf, trat dabei mitten in die Ölpfütze und bespritzte den schon triefenden Sarong der alten Dame noch mehr. Ihr Geschrei erinnerte an eine heulende Granate. Sie zitterte vor Wut und fand endlich die Sprache wieder. Nur ein Wort schleuderte sie heraus. »Ibo!« zischte sie böse. Jetzt war es für mich höchste Zeit einzugreifen.

Philipp taumelte vor dieser Beschimpfung zurück; denn die Ibos sind ein Stamm Nigerias, den die Bewohner Kameruns nur mit Verachtung und Ekel betrachten. Es gilt als tödliche Beleidigung in Kamerun, jemanden einen Ibo zu nennen. Ehe Philipp sich fassen und an der alten Dame rächen konnte, trat ich dazwischen und gab mir Mühe, nicht zu lachen. Ich beruhigte die gute Frau, zahlte ihr eine angemessene Entschädigung für den Sarong und das Öl und besänftigte dann den immer noch kochenden Philipp, indem ich ihm ein Paar Shorts, Socken und ein Hemd von mir versprach. Dann band ich die klebrige Georgina los und brachte sie an eine Stelle, wo sie keine kostspieligen Angriffe auf die örtliche Bevölkerung unternehmen konnte.

Doch waren wir mit Georgina noch nicht am Ende. Unglücklicherweise band ich sie unter der Erdgeschoßveranda an, nahe dem Raum, den wir als Bad benutzten. In einer großen, runden Plastikwanne wuschen wir jeden Abend Schweiß und Schmutz der Tagesarbeit ab. Leider war diese Wanne ein wenig zu klein. Um sich im warmen Wasser ausstrecken zu können, ließ man Füße und Beine aus der auf einer Holzkiste stehenden Wanne hängen. In der glatten Wanne kostete es erhebliche Anstrengungen, sich aufzurichten, um Seife und Handtuch oder sonst etwas zu erreichen. Doch in Ermangelung eines Besseren mußten wir damit zufrieden sein.

Sophie genoß ihr Bad am meisten und blieb viel länger darin als wir anderen. Sie pflegte behaglich im warmen Wasser zu liegen, zu rauchen und bei einer Sturmlaterne zu lesen. An diesem Abend fielen Sophies Waschungen kürzer aus. Die Badezeremonien begannen jeweils damit, daß einer unserer Bedienten kam und in der ihm eigenen verschwörerischen Art verkündete »Bad fertig, Madame«. Sophie nahm Buch und Zigaretten und machte sich auf den Weg. Sie fand das Bad schon von Georgina mit Beschlag belegt. Unsere Heldin hatte gemerkt, daß sie von der Stelle, an der ich sie angebunden hatte, diesen interessanten Raum erreichen konnte. Sie saß neben der Wanne und tunkte das Handtuch ins Wasser. Dabei gab sie kurze kehlige Laute der Zufriedenheit von sich. Sophie verscheuchte Georgina, ließ sich ein neues Handtuch bringen, schloß die Tür und streckte sich im warmen Wasser aus. Wie sich bald herausstellte, war die Tür nicht richtig geschlossen. Georgina hatte noch nie in ihrem Leben jemandem beim Baden zugesehen und wollte diese einmalige Gelegenheit nicht ungenutzt vorübergehen lassen. Sie warf sich gegen die Tür und schlug sie weit auf. Jetzt saß Sophie in der Falle. In der Wanne eingeklemmt, konnte sie nicht herauslangen und die Tür schließen. Bei offener Tür dazuliegen, war wiederum unmöglich. Mit großer Anstrengung beugte sie sich aus der Wanne und griff nach den Kleidern, die zum Glück danebenlagen. Georgina hielt das für den Anfang eines vielversprechenden Spieles. Sie sprang vor, zog Sophies Ausstattung an ihre haarige Brust und rannte davon. Jetzt blieb Sophie nur noch das Handtuch. Sie kämpfte sich aus der Wanne, wickelte sich in diese unzureichende Hülle, vergewisserte sich, daß niemand in der Nähe war und ging hinaus, um ihre Kleider zurückzugewinnen. Georgina, die sah, daß Sophie mitspielte, jauchzte entzückt. Als Sophie auf sie zusprang, rannte sie in den Baderaum zurück und steckte Sophies Kleider eilig in die Wanne. Sophies Entsetzensschrei nahm sie als Aufmunterung, ergriff die Schachtel Zigaretten und warf sie ebenfalls ins Wasser, vermutlich um herauszufinden, ob sie schwimmen können. Die Schachtel ging unter, und fast vierzig Zigaretten stiegen verdorben an die Oberfläche. In dem Bemühen, alles zu tun, um Sophie zu belustigen, kippte sie die Wanne um. Von dem Lärm angezogen, erschien ich gerade in dem Augenblick auf der Bildfläche, als Georgina behende in die Wanne sprang und ungefähr wie beim Traubenkeltern in dem Mischmasch aus durchweichten Zigaretten und Kleidern herumtrat. Es kostete uns viel Mühe, den animierten Pavian fortzuschaffen, für Sophie neues Badewasser einzufüllen und frische Kleider und Zigaretten zu besorgen. Am Ende war das Abendbrot kalt. So verdankten wir Georgina einen wirklich vergnügten Abend.

Die größte Freude und Unterhaltung bereiteten uns jedoch die Menschenaffen. Den ersten brachte man uns eines Morgens. Hingegossen lag er in den Armen des Jägers mit einem so überheblich vornehmen Ausdruck auf dem kleinen runzligen Gesicht, daß man meinen konnte, der Jäger sei der Diener, der ihn herumzutragen habe wie einen orientalischen Potentaten. Ruhig saß er auf der Treppe des Gästehauses und beobachtete mit intelligenten, spöttischen braunen Augen, wie der Jäger mit mir über den Preis für ihn feilschte. Er schien andeuten zu wollen, daß der schmutzige Handel für einen Schimpansen seiner Herkunft äußerst geschmacklos sei. Als das Geschäft abgeschlossen war, und der schnöde Gewinn den Besitzer gewechselt hatte, nahm unser Affenaristokrat herablassend meine Hand und ging mit mir ins Wohnzimmer. Mit dem Ausdruck schlecht verhohlenen Abscheus sah er sich um, wie ein Herzog sich in der Küche seines kranken Lehnsmannes umsieht, vor dem er sich demokratisch zeigen will, so unangenehm es auch sein mag. Auf dem Tisch sitzend, erwies er uns die Gnade, unsere bescheidene Gabe, eine Banane, anzunehmen; er gab sich den Anschein, als sei er der Ehren müde, die man ihm sein Leben lang erwiesen hatte. Auf der Stelle beschlossen wir, diesem blaublütigen Affen einen Namen zu geben, der seiner würdig sei, und nannten ihn Cholmondeley St. John, ausgesprochen natürlich Chumley Sinjun. Später, als wir vertrauter mit ihm waren, erlaubte er uns, ihn einfach Chum zu nennen oder manchmal auch, wenn wir auf ihn wütend waren, »du verfluchter Affe«. Diese Bezeichnung erschien uns jedoch wie Majestätsbeleidigung. Wir bauten einen Käfig für Chumley — mit dem er gar nicht einverstanden war — und ließen ihn nur zu bestimmten Zeiten herumlaufen, wenn wir auf ihn aufpassen konnten. Morgens früh zum Beispiel wurde er herausgelassen. Dann durfte er einen unserer Bedienten, der uns den Morgentee brachte, in unser Schlafzimmer begleiten. Er galoppierte quer durch den Raum, sprang in mein Bett, gab mir einen feuchten, flüchtigen Kuß zur Begrüßung und beobachtete dann mit Grunzen und abgehackten »Ah-Ah«-Rufen, wie das Tablett gebracht wurde, um sicher zu sein, daß seine Tasse — eine Tasse aus Zinn wegen der besseren Haltbarkeit — nicht vergessen wurde. Zurückgelehnt sah er zu, wie ich Milch, Tee und Zucker (fünf Teelöffel) in seinen Becher tat. Wenn alles fertig war, zerrte er mir mit aufgeregten Händen die Tasse fort, grub sein Gesicht hinein und begann so geräuschvoll zu trinken, daß es sich anhörte, als ob eine große Badewanne auslaufe. Ohne abzusetzen oder Luft zu holen, leerte er den Becher, hob ihn dabei hoch, bis die Unterseite nach oben zeigte. Dann ließ er den köstlichen, halbgeschmolzenen Zukker in sein offenes Maul laufen. Wenn er sicher war, daß nichts mehr kam, seufzte er tief, rülpste nachdenklich und gab mir den Becher zurück in der vagen Hoffnung, ich würde ihn nachfüllen. Hatte er begriffen, daß ihm der Wunsch nicht erfüllt würde, sah er mir zu, wie ich meinen Tee trank, und versuchte, mich zu unterhalten. Verschiedene Spiele erfand er zu meinem Vergnügen. Alle waren anstrengend für eine so frühe Morgenstunde. Zuerst schlich er ans Fußende, hockte sich dort hin und warf mir verstohlene Blicke zu, um sich zu vergewissern, ob ich ihn beachtete. Dann griff er mit seiner kalten Hand unter die Bettdecke nach meinen Zehen. Ich mußte darauf mit geheucheltem Wutschrei auffahren, während er aus dem Bett und in die andere Zimmerecke sprang; dabei beobachtete er mich über die Schulter mit einen schadenfrohen Ausdruck in seinen braunen Augen. Wenn ich zu diesem Spiel keine Lust mehr hatte, gab ich vor zu schlafen. Vorsichtig schlich Chumley am Bett entlang und spähte für einige Sekunden in mein Gesicht, dann schoß sein langer Arm vor und fuhr mir ins volle Haar; bevor ich ihn festhalten konnte, raste er zurück. Gelang es mir jedoch, ihn zu fangen, legte ich meine Hände um seinen Rücken und kitzelte ihn am Hals, wobei er sich wand und krümmte, albern wie ein Kind kicherte, den Mund weit öffnete und beim Zurückziehen der Lippen seinen riesigen rosa Gaumen und die weißen Zähne zeigte.

Unsere nächste Errungenschaft war eine große, fünfjährige Schimpansin mit Namen Minnie. Eines Tages tauchte ein holländischer Farmer bei uns auf und sagte, er wolle uns Minnie verkaufen, da er bald für längere Zeit in Urlaub gehe und das Tier nicht der unzuverlässigen Obhut seiner Diener anvertrauen möchte. Wir brauchten uns Minnie nur zu holen, wenn wir sie haben wollten. Die Farm des Holländers lag etwa 80 Kilometer weit, in dem Ort Santa. Wir verabredeten, im Jeep des Fon nach Santa zu fahren, uns die Schimpansin anzusehen und sie zu kaufen, wenn sie gesund war. Mit einem großen Verschlag brachen wir eines Morgens von Bafut auf und dachten, wir würden am frühen Nachmittag zurück sein. Um nach Bemenda zu kommen, mußte man das Tal von Bafut verlassen, die große Bemenda-Höhe hinauffahren — ein fast kahles, 100 Meter hohes Kliff — und dann in die Bergkette hinein, die dahinter lag. Die Landschaft lag weiß im schweren Morgennebel. Er wartete, daß ihn die aufgehende Sonne in großen, hängenden Säulen zum Himmel emporzöge und lag wie ein Milchsee friedlich in den Tälern, aus denen nur die Spitzen der Hügel und Anhöhen herausragten wie seltsame Inseln aus einem bleichen Meer. Als wir höherstiegen, fuhren wir langsamer, da der leichte Morgenwind die Nebelschwaden in zarten Böen vor sich herschob, wobei sie hochgewirbelt wurden und sich über den Weg ergossen. Wenn man um eine Ecke fuhr, war man plötzlich mitten in einer Nebelbank und konnte kaum ein paar Meter weit sehen. Als wir durch den Nebel krochen, tauchte plötzlich vor uns etwas auf, das wie ein Paar Elefantenzähne aussah. Wir stoppten mit einem Ruck. Durch den Nebel schimmerte eine Herde langhörniger Fulani-Rinder, die uns dicht umringten und interessiert durch die Scheiben spähten. Die übergroßen Tiere von dunkel-schokoladenbrauner Farbe hatten große, feuchtglänzende Augen und ein ansehnliches weißes Gehörn, das bei einigen eine Spannweite von anderthalb Metern hatte. Sie standen dicht gedrängt um uns herum. In weißen Wolken entströmte ihr warmer Atem den Nüstern, der süßliche Geruch der Tiere hing schwer in der Luft; die Glocke der Leitkuh klingelte fröhlich bei jeder Bewegung. Wir saßen da und bestaunten uns gegenseitig für einige Minuten. Plötzlich hörten wir ein scharfes Pfeifen und einen rauhen Ruf. Der Hirte tauchte aus dem Nebel auf. Er war ein typischer Fulani, groß und schlank, mit edlen, scharf profilierten Gesichtszügen und einer geraden Nase, wie man sie auf griechischen Wandgemälden findet.

»Guten Tag, mein Freund!« rief ich.

»Morgen, Masa«, antwortete er grinsend und klatschte auf die feuchte Flanke einer mächtigen Kuh.

»Sind dies deine Kühe?«

»Ja, Sah, sein meine.«

»Wohin bringst du sie?«

»Nach Bemenda, Sah, auf den Markt.«

»Treibe sie weg, damit wir weiterfahren können.«

»Ja, Sah, ja, Sah, ich sie wegbringen.« Er lachte und mit lauten Zurufen trieb er die Kühe vorwärts, hinein in den Nebel. Dabei tanzte er von einer Seite zur anderen und schlug auf ihre Flanken mit einem Bambusstock einen heiteren Trommelwirbel. Die riesigen Tiere verschwanden im Nebel mit tiefem, zufriedenem Muhen und dem fröhlichen Gebimmel der Leitkuh.

»Danke, mein Freund. Guten Weg!« rief ich ihm nach.

Als wir in Santa ankamen, stand die Sonne am Himmel, und die Berge hatten ihre Farbe in Gold-Grün gewechselt. Nur die Abhänge waren noch mit einigen, besonders hartnäckigen Nebelstreifen behangen. Im Hause des Holländers erfuhren wir, er sei unerwartet abgerufen worden. Minnie war jedoch da, und ihretwegen waren wir ja schließlich gekommen. Wie wir sahen, lebte sie in einem großen, runden Gehege, das der Holländer für sie angelegt hatte. Das Ganze war von einer ziemlich hohen Mauer umgeben und einfach, aber wirkungsvoll ausgestattet. Da standen vier abgestorbene Baumriesen, die in Zement gepflanzt waren und ein kleines Holzhaus mit Schwingtür. In dieses Gehege gelangte man mit Hilfe einer Zugbrücke, die über den trockenen Burggraben führte, der Minnies Behausung umgab.

Minnie war ein stattliches, etwa einen Meter großes Schimpansenweibchen. Sie saß in einem der Bäume und betrachtete uns mit liebenswürdigem, etwas nichtssagendem Ausdruck. Wir beobachteten uns etwa zehn Minuten lang schweigend, und ich versuchte, ihren Charakter abzuschätzen. Der Holländer hatte mir zwar zugesichert, Minnie sei vollkommen zahm, doch hatte ich genügend Erfahrung, um zu wissen, daß selbst der zahmste Schimpanse bösartig werden kann und mit ihm nicht gut Kirschen essen ist, wenn er einen Menschen nicht mag. Minnie war zwar nicht sehr groß, hatte aber einen imponierenden Umfang.

Schließlich ließ ich die Zugbrücke herab und ging in das Gehege. Bewaffnet hatte ich mich mit einem Bündel Bananen, mit denen ich meinen Rückzug decken wollte, falls ich Minnies Charakter falsch eingeschätzt haben sollte. Ich setzte mich mit den Bananen im Schoß auf den Boden und wartete, daß Minnie den ersten Schritt mache. Noch saß sie in ihrem Baum, beobachtete mich interessiert und schlug mit den großen Händen gedankenvoll auf ihren runden Bauch. Als sie sich endlich dafür entschieden hatte, daß ich wohl harmlos sei, kletterte sie herunter und lief mit langen Schritten auf mich zu. Ungefähr einen Meter vor mir hockte sie sich nieder und hielt mir die Hand hin. Feierlich schüttelte ich sie.

Dann war die Reihe an mir; ich reichte Minnie eine Banane; sie nahm sie und fraß sie mit zufriedenem Grunzen.

In einer halben Stunde hatte sie alle Bananen verputzt, und wir waren fast Freunde geworfen, das heißt, wir spielten Kinderspiele, jagten uns um das Gehege herum, in die Hütte hinein und wieder heraus, und kletterten zusammen auf einen Baum. Jetzt hielt ich den Augenblick für gekommen, den Verschlag ins Gehege zu bringen. Wir trugen ihn heran, stellten ihn, den Deckel in Reichweite, auf den Rasen und ließen Minnie Zeit, seine Harmlosigkeit zu erkennen. Die Schwierigkeit bestand darin, Minnie in den Verschlag zu bringen, ohne sie zu verängstigen und ohne dabei von ihr gebissen zu werden. Da sie nie in ihrem Leben in einer Kiste oder in einem Käfig eingesperrt war, fürchtete ich das Schlimmste, vor allem ohne die Hilfe ihres Herrn, der uns mit seiner Autorität unterstützt hätte. Dreieinhalb Stunden versuchte ich, Minnie zu beweisen, daß der Verschlag ungefährlich sei. Ich setzte mich hinein, legte mich hinein, sprang auf ihn hinauf und kroch sogar mit ihm auf dem Rücken herum, wie eine seltsam geformte Schildkröte. Minnie war begeistert über meine Bemühungen, sie zu unterhalten. Doch behandelte sie den Verschlag nach wie vor mit Mißtrauen. Besonders wichtig war, daß ich nur einmal den Versuch machen konnte, sie zu fangen; mißlang es beim ersten Mal, und merkte sie, was ich vorhatte, würden keine Verführungskünste es fertigbringen, sie wieder in die Nähe der Kiste zu bringen. Langsam, aber sicher mußte sie zum Verschlag gelockt werden, damit ich ihn über sie stülpen konnte. Nach weiteren Dreiviertelstunden konzentrierter und ermüdender Anstrengungen hatte ich sie so weit, daß sie vor dem aufgerichteten Verschlag saß und Bananen von drinnen annahm. Dann kam der große Augenblick.

Als Köder legte ich ein besonders üppiges Bananenbündel in den Verschlag, setzte mich dahinter und aß selbst eine Banane, während ich die Landschaft unbefangen betrachtete, als dächte ich nicht im geringsten daran, Schimpansen zu fangen. Minnie schob sich näher und warf mir verstohlene

Blicke zu. Dann setzte sie sich dicht vor den Käfig und fixierte die Bananen mit gierigen Augen. Als ihr ein rascher Blick auf mich zeigte, daß ich mit meiner Banane beschäftigt war, beugte sie sich vor. Kopf und Schultern verschwanden im Verschlag. Ich schleuderte mein Gewicht gegen die Rückseite der Kiste, so daß sie über sie fiel, sprang dann hinauf und setzte mich, damit Minnie den Verschlag nicht hochstieß. Bob eilte mir zur Hilfe und unterstützte mich mit seinem Gewicht. Dann schoben wir unendlich vorsichtig den Deckel unter die Kiste, drehten sie um und nagelten ihn an. Minnie betrachtete mich unterdessen böse durch ein Astloch und rief klagend »Ooo ... Oooo ... Oooo ...«, als sei sie bis ins Innerste von meiner Bosheit angeekelt. Ich wischte mir den Schweiß von der Stirn, zündete mir die heiß ersehnte Zigarette an und sah auf die Uhr. Viereinhalb Stunden hatten wir gebraucht, um Minnie in die Kiste zu bekommen, wahrscheinlich hätte es nicht viel länger gedauert, sie wild im Urwald zu fangen. Müde luden wir sie auf den Jeep und nahmen Kurs auf Bafut.

In Bafut hatten wir für Minnie einen großen Käfig aus Dexion bereitgestellt. Natürlich konnte er sich nicht mit ihrem Gehege messen, war aber so groß, daß sie sich für den Anfang nicht eingesperrt zu fühlen brauchte. Später, auf der Heimfahrt, mußte sie sich mit einem wesentlich kleineren Käfig abfinden. Doch nach der Freiheit, in der sie gelebt hatte, wollte ich sie allmählich an die Gefangenschaft gewöhnen. Als wir sie in den neuen Käfig überführt hatten, untersuchte sie ihn mit zustimmendem Grunzen; sie schlug an die Stäbe und schaukelte auf den Sitzstangen, um auszuprobieren, wie stark sie waren. Dann gaben wir ihr eine große Portion gemischter Früchte und eine Plastikschüssel mit Milch.

Der Fon war an unserer Neuerwerbung sehr interessiert, denn er hatte nie zuvor einen großen lebenden Schimpansen gesehen. Am Abend bat ich ihn also zu einem Whisky herüber, damit er Minnie kennenlerne. Kurz nach Einbruch der Dunkelheit kam er. Heute trug er ein grün-rotes Gewand und ließ sich von fünf Räten und zwei Lieblingsfrauen begleiten. Nach der Begrüßung und dem ersten Glas nahm ich die Lampe und führte den Fon mit seinem Gefolge die Veranda hinunter zu Minnies Käfig, der leer zu sein schien. Als ich die Lampe hochhob, sahen wir, daß Minnie schlafen gegangen war. Aus trockenen Bananenblättern hatte sie sich eine bequeme Lagerstätte gemacht. Darauf lag sie auf der Seite, den Kopf auf der Hand, mit einem alten Sack, den wir ihr gegeben hatten, sorgfältig bis unter die Achseln zugedeckt.

»Wah! Sie schläft wie ein Mensch«, sagte der Fon erstaunt.

»Ja, ja, sie schlafen wie Menschen«, fielen die Räte ein.

Minnie, gestört durch das Licht und die Stimmen, öffnete ein Auge, um zu sehen, was los sei. Der Anblick des Fon und seiner Gesellschaft erregte ihre Neugier, sie warf den Sack behutsam zurück und watschelte ans Gitter.

»Wah«, sagte der Fon, »sie sieht aus wie ein Mensch.«

Minnie betrachtete den Fon von oben bis unten und meinte dann, man könne ihn zu einem Spiel verführen. Darum schlug sie mit ihren großen Händen laut den Takt an die Stäbe. Der Fon und sein Gefolge wichen zurück.

»Habt keine Angst, sie macht nur Spaß«, sagte ich.

Vorsichtig näherte sich der Fon wieder dem Käfig, und auf seinem Gesicht spielten Erstaunen und Vergnügen. Ebenso vorsichtig beugte er sich vor und hämmerte mit der Handfläche an die Stäbe. Die begeisterte Minnie antwortete ihm mit einer Kanonade von Schlägen, die ihn zurückspringen, dann aber vor Begeisterung lachen ließen.

»Sieh, ihre Hand, ihre Hand! Sie hat Hand wie Mensch«, staunte er.

Der Fon bückte sich und hammerte wieder an das Gitter, Minnie antwortete.

»Sie macht Musika mit mir!« Der Fon schüttelte sich vor Lachen.

Ermutigt von dem Erfolg, lief Minnie mehrere Male im Käfig herum, vollführte einige Rückwärtssaltos auf ihren Sitzstangen und hockte sich dann vorne hin. Sie ergriff ihren Freßnapf und setzte ihn auf den Kopf, auf dem er wie ein

Stahlhelm thronte. Der Fon und seine Begleitung lachten so laut, daß sämtliche Dorfhunde zu bellen anfingen.

»Der Hut, der Hut!« Der Fon krümmte sich vor Vergnügen. Da ich merkte, daß es unmöglich war, ihn von Minnie fortzubringen, ließ ich Tische, Stühle und Getränke herausschaffen und auf die Veranda in die Nähe des Käfigs stellen. Der Fon trank seinen Whisky und prustete dann wieder vor Lachen, während Minnie wie ein alter Zirkusclown Kunststücke zeigte. Als sie müde geworden war, setzte sie sich an die Stäbe neben den Fon und sah ihm interessiert beim Trinken zu. Den Plastikhelm hatte sie immer noch auf dem Kopf. Der Fon lachte sie an und beugte sich zu ihr hinunter, bis sein Gesicht kaum zehn Zentimeter von Minnies entfernt war, hob sein Glas und sagte: »Chirri-ho!«

Zu meinem Erstaunen antwortete Minnie, indem sie ihre langen beweglichen Lippen vorschob, die Zunge zusammenrollte und ihn anblies, so laut und feucht, wie es nur einem Affen möglich ist.

Der Fon lachte über diesen Scherz so laut und so lange, bis wir am Ende alle hysterisch vor Vergnügen waren. Schließlich nahm er sich zusammen, wischte sich die Augen, beugte sich vor und zahlte Minnie in gleicher Münze heim. Doch blieb er ein Amateur im Vergleich zu Minnie, die noch lauter und feuchter blies.

»Bsuuuu . . .«, es donnerte wie Maschinengewehrfeuer über die Veranda. Für die nächsten fünf Minuten unterhielten der Fon und Minnie ein schnelles Kreuzfeuer, bis der Fon aufgeben mußte und Minnie der totale Sieger blieb — sie hatte mehr Ausdauer, war schneller, feuchter und viel klangvoller als er.

Schließlich verließ uns der Fon. Wir sahen, wie er über den großen Hof ging und das Feuer nun auf seine Räte eröffnete, »bsuuu . . .«, sie bogen sich vor Lachen. Minnie, mit dem Ausdruck einer Dame der Gesellschaft nach einer anstrengenden Dinerparty, gähnte laut und ging dann, um sich auf ihr Bananenbett zu legen. Sie deckte sich sorgfältig mit dem Sack zu, legte die Hand unter die Wange und schlief ein.

Dritter Teil: HEIMREISE UND SUCHE NACH EINEM ZOO

Sehr geehrter Herr,
ich habe die Ehre, Sie höflichst zu bitten, Ihnen folgende
Zeilen unterbreiten zu dürfen:

1. *Ich bedaure außerordentlich, daß Sie mich verlassen, doch Gott sei Dank nicht, weil Sie mit mir unzufrieden sind, sondern weil Sie in Ihre Heimat zurückkehren.*

2. *Bei dieser Gelegenheit bitte ich Sie ehrerbietig, daß Sie als mein freundlicher Herr mir ein gutes Zeugnis ausstellen, damit Ihr Nachfolger alles über mich weiß.*

3. *Ich habe schon vielen Herren gedient, jedoch keinen so geschätzt wie Sie.*

Der Herr sollte darum einige Empfehlungen über mich zurücklassen, ich würde darüber glücklicher sein als über alles andere in der Welt.

> *Ich erlaube mir, Sie meiner Ergebenheit*
> *zu versichern und verbleibe*
> *als Ihr*
> *gehorsamer Diener*
> *Philipp Onaga*

Nun wurde es Zeit, Vorbereitungen für unseren Aufbruch und die etwa 500 Kilometer lange Reise an die Küste zu treffen. Doch bevor es losgehen konnte, gab es noch eine Menge zu tun. Im allgemeinen ist der Aufbruch die mühevollste und gefährlichste Phase einer Tierfangexpedition. Das Aufladen der Tiere auf die Lastwagen und der Transport über eine solche Entfernung und über Wege, die mehr einem Übungsgelände für Panzer als einer Straße gleichen, ist schon an sich keine leichte Sache. Aber es gibt noch viele andere und nicht weniger wichtige Dinge zu erledigen. Am Hafen muß zum Beispiel die Reiseverpflegung bereitstehen. Auch hierbei können Fehler gefährlich werden, denn man kann nicht zweihundertfünfzig Tiere ohne ausreichende und angemessene Verpflegung für drei Wochen an Bord nehmen. Sämtliche Käfige müssen sorgfältig untersucht und alle Schäden, die bei sechs Monate langer Abnutzung entstehen, repariert werden, um das Risiko eines Ausbruchs an Bord auszuschalten. Käfigstäbe, Verschlüsse an den Türen und besonders schadhafte Böden müssen erneuert werden, das sind nur einige von vielen großen und kleinen Arbeiten.

Es ist also verständlich, wenn die Vorbereitungen für die Abreise manchmal schon vier Wochen vor dem eigentlichen Aufbruch vom Hauptlager an die Küste beginnen. Es scheint, als sei alles gegen einen verschworen. Die eingeborene Bevölkerung, die ungern eine so wunderbare Einnahmequelle verliert, verdoppelt ihre Anstrengungen, um noch so viel wie möglich herauszuschlagen. Das bedeutet, daß man nicht nur alte Käfige reparieren, sondern auch neue für den plötzlich anwachsenden Zustrom anfertigen muß. Der Telegrafenbeamte scheint völlig durcheinander zu sein, so daß wichtige Telegramme für Empfänger und Absender unverständlich werden. Wartet man nervös auf eine Nachricht über die Lebensmittelvorräte, wirkt ein Telegramm, das in Esperanto abgefaßt zu sein scheint, nicht eben beruhigend auf die Nerven. »Nachricht beantwortet, bedaure kannich ranz grüne Balas, Rügen halbpeipe?«, was sich nach erheblichen Bemühungen als folgender Text herausstellt: »Nachricht erhalten, bedauere, kann nicht ganz grüne Bananen beschaffen, genügen halbreife?«

Auch die Tiere merken bald, daß irgend etwas in der Luft liegt und versuchen, dich auf ihre Weise in Bewegung zu halten. Kranke Tiere zum Beispiel werden immer kränker und sehen dich so erbarmungswürdig und bleichsüchtig an, daß du fürchtest, sie werden den Weg an die Küste nie und nimmer überleben. Die seltensten und nicht wieder zu beschaffenden Tiere versuchen zu entkommen; gelingt es ihnen, streunen sie umher, verhöhnen dich mit ihrer Gegenwart und rauben dir kostbare Zeit beim Wiedereinfangen. Tiere, die sich bisher geweigert haben, von anderer Kost als etwa Avocado-Birnen oder süßen Kartoffeln zu leben, lehnen sie plötzlich entschieden ab. Dann heißt es eilige Telegramme verschicken und riesige Bestellungen rückgängig machen. Kurzum, dieser Teil der Unternehmung geht einem auf die Nerven. Weil wir aufgeregt und durcheinander waren, machten wir Dummheiten, die das allgemeine Chaos noch erhöhten. Die Geschichte mit den Krallenfröschen soll das demonstrieren. Es ist keine Schande zu glauben, Krallenfrösche seien wirkliche Frösche. Sie sind ziemlich kleine Tiere mit plumpen, froschähnlichen Köpfen und glatter, schlüpfriger Haut, also ganz und gar nicht wie Kröten. Außerdem leben sie fast ausschließlich im Wasser, was Kröten im allgemeinen nicht tun. Für mich sind es schwerfällige Wesen, die neunzig Prozent ihres Lebens unter Wasser verbringen und nur von Zeit zu Zeit zum Luftholen an die Oberfläche schießen. Aus irgendeinem Grund jedoch, den ich nie herausfand, hatte Bob eine Schwäche für diese abscheulichen Lebewesen. Wir besaßen zweihundertfünfzig davon, die wir in einer Plastikwanne auf der Veranda hielten. Wenn wir Bob suchten, konnten wir sicher sein, ihn über den großen »Kessel« mit zuckenden Kröten gebeugt zu finden, ein glückliches Lächeln auf dem Gesicht. Dann kam der Tag der großen Tragödie.

Die Regenzeit hatte gerade begonnen, und der strahlende Sonnenschein wurde täglich von schweren Regengüssen unterbrochen. Sie dauerten kaum länger als eine Stunde, brachten aber in dieser kurzen Zeit erhebliche Wassermengen. An dem Morgen, von dem hier die Rede ist, hatte Bob bei den Kröten gehockt und angenommen, sie wären ihm dankbar, wenn er sie in den Regen stelle. Vorsichtig trug er die Wanne hinaus und stellte sie auf die oberste Treppenstufe. An diesem günstigen Platz bekamen sie nicht nur den Regen vom Himmel, sondern auch den, der vom Dach strömte. Dann ging er fort und vergaß sie. Der Regen fiel mit einer Stärke, als wolle er den Ruf Kameruns als eines der feuchtesten Länder der Erde bestätigen. Allmählich füllte sich die Wanne. Mit steigendem Wasserspiegel kamen auch die Kröten hoch, bis sie über den Rand sehen konnten. In den nächsten zehn Minuten spülte sie der Regen aus der Wanne, ob sie nun wollten oder nicht.

Bobs hallender Schreckensruf ließ uns von allen Seiten herbeieilen. Auf der obersten Stufe stand die Plastikwanne, in der kein einziges Tier mehr war. Das Wasser schoß die Treppen hinunter und riß Bobs wertvolle Amphibien mit sich. Die Stufen wimmelten von Kröten. Sie glitten, platschten und rollten im Wasser herum. In diesem Niagarafall von Kröten sprang Bob mit wilden Blicken wie ein aufgeregter Reiher umher und sammelte die Tiere, so schnell er konnte, ein. Ich brauche nicht zu erwähnen, daß es ein ziemliches Kunststück ist, einen Krallenfrosch zu greifen. Es ist fast so schwer, als wolle man einen Tropfen Quecksilber aufheben. Sie sind nicht nur unglaublich glitschig, sondern auch sehr kräftig für ihre Größe, und sie winden sich und strampeln mit erstaunlicher Energie. Zudem sind die Hinterleiber mit einer kleinen, scharfen Kralle bewaffnet; damit können sie einen empfindlich verwunden. Bob, der abwechselnd fluchte und schrie, war nicht eben in der ruhigen, gesammelten Verfassung, die zum Krallenfroschfangen gehört. Wenn er eine

Handvoll erwischt hatte und die Stufen hinaufstürzte, um sie in die Wanne zu werfen, glitten sie ihm aus den Fingern, fielen auf die Treppe zurück und wurden sofort wieder hinuntergespült. Schließlich brauchten wir zu fünft dreiviertel Stunden, um alle Kröten einzusammeln und in die Wanne zu werfen. Gerade als wir fertig und bis auf die Haut durchnäßt waren, hörte es auf zu regnen.

»Wenn du zweihundertfünfzig Lebewesen freilassen willst, suche dir bitte in Zukunft gutes Wetter dafür aus und ein Tier, das man leichter fangen kann«, sagte ich wütend zu Bob.

»Ich weiß selbst nicht, wie ich so blöd sein konnte«, antwortete er und starrte traurig in die Wanne, in der die Tiere, erschöpft nach dieser Toberei, wie aufgehängt im Wasser trieben und ihn leer anglotzten.

»Ich hoffe nur, ihnen ist nichts passiert!«

»Um uns brauchst du dir keine Sorgen zu machen; wir können ruhig eine Lungenentzündung bekommen, wenn nur diese abstoßenden kleinen Teufel sich nicht erkältet haben. Willst du nicht lieber bei ihnen messen?«

Bob runzelte die Stirn und beachtete meinen Spott nicht. »Ich fürchte, es sind eine ganze Menge verlorengegangen ... es scheinen lange nicht mehr so viel zu sein wie vorher.«

»Denke nicht, daß ich bereit bin, dir zählen zu helfen. Ich habe für mein ganzes Leben genügend Krötenkratzer. Komm, zieh dich um und laß sie, wo sie sind. Wenn du sie zählst, geht dir über kurz oder lang die ganze Gesellschaft über Bord.«

»Wahrscheinlich hast du recht.« Bob seufzte.

Eine halbe Stunde später ließ ich Cholmondeley St. John für seine Morgengymnastik aus dem Käfig und achtete dummerweise zehn Minuten lang nicht auf ihn. In dem Augenblick, als ich Bobs gellenden Schrei hörte (den Schrei eines Menschen, der am Zusammenbrechen ist) und Cholmondeley St. John nicht entdeckte, wußte ich, daß er der Grund für Bobs Totenklage war. Ich eilte auf die Veranda und fand dort Bob, der verzweifelt die Hände rang, und Cholmondeley, der auf der obersten Stufe saß und so unschuldig dreinblickte, daß man den Heiligenschein zu sehen glaubte. Ein Stückchen weiter unten lag die umgekippte Wanne. Stufen und Boden waren gesprenkelt mit hüpfenden, davonhastenden Kröten. Eine Stunde lang glitten wir in dem roten Matsch umher, bis die letzte Kröte eingefangen war und wieder in der Wanne saß. Außer Atem nahm Bob die Wanne; wir brachten sie schweigend auf die Veranda zurück. Auf der obersten Stufe glitt Bob mit seinen lehmigen Schuhen aus, fiel hin und die Wanne rollte abwärts. Zum dritten Mal machten sich die Kröten vergnügt davon.

Cholmondely St. John war Schuld an einer anderen Flucht; doch war sie weniger anstrengend und dafür interessanter als der Zwischenfall mit den Kröten. In unserer Sammlung hatten wir fünfzehn gemeine, einheimische Haselmäuse, die unseren europäischen Haselmäusen verwandt sind. Sie haben jedoch eine fahle, aschgraue Farbe und einen etwas buschigeren Schwanz. Die Haselmauskolonie wohnte friedlich zusammen in einem Käfig und vergnügte uns abends mit ihren akrobatischen Vorstellungen. Eine Maus konnten wir leicht unterscheiden, denn sie hatte einen winzigen weißen Stern an der Flanke wie ein Miniaturbrandmal. Sie war geschickter als die anderen. Ihre reizenden Sprünge und Purzelbäume hatten unsere uneingeschränkte Bewunderung. Wegen ihrer Zirkuskunststücke tauften wir sie Bertram.

Wie gewöhnlich ließ ich Cholmondeley St. John eines Morgens zu seinem Gesundheitsspaziergang heraus. Er benahm sich vorbildlich. Dann dachte ich, Jacquie passe auf ihn auf, und sie dachte, ich würde nach ihm sehen. Cholmondeley wartete stets auf solche Gelegenheiten. Als wir unseren Irrtum entdeckt und uns auf die Suche gemacht hatten, merkten wir, daß es zu spät war. Cholmondeley hatte sich damit unterhalten, das Mauseschlafzimmer zu öffnen und den Käfig umzukippen, so daß die tief und friedlich schlafenden Nagetiere auf den Boden fielen. Als wir auf der Bildfläche erschienen, huschten sie aufgeregt hin und her, und Cholmondely galoppierte mit leisen, entzückten »Oooo«-Rufen herum und versuchte, sie zu zertrampeln. Als wir den Affen eingefangen und eingesperrt hatten, war keine Maus mehr zu sehen. Friedlich lagen sie hinter den Käfigen und setzten ihren ununterbrochenen Schlaf fort. Wir mußten also jeden Käfig beiseite schieben, um die Mäuse wieder einzufangen. Als erster brach Bertram hinter einem Affenkäfig hervor. Er floh die Veranda hinunter, Bob sauste hinterher. Als er sich auf ihn warf, rief ich warnend: »Denk an den Schwanz! Fang ihn nicht am Schwanz!« Zu spät. Als Bob sah, wie Bertram sich hinter einer zweiten Käfigreihe hindurchschlängelte, ergriff er ihn am Schwanz. Das Ergebnis war fürchterlich. Die kleinen Nager, in erster Linie diese Haselmäuse, haben am Schwanz eine sehr zarte Haut. Zieht man also am Schwanz und das Tier ebenfalls, reißt die Haut und pellt sich vom Knochen ab wie ein Handschuhfinger. Da es bei allen kleinen Nagern so ist, halte ich es für eine Schutzmaßnahme, genau wie bei Eidechsen, die den Schwanz fahren lassen, wenn man sie fängt. Bob wußte das genauso gut wie ich, doch in der Hitze des Gefechts hatte er es vergessen. So lief Bertram fort, während Bob nur einen flaumigen Schwanz behielt, der lahm zwischen Daumen und Zeigefinger hing. Schließlich ergatterten wir Bertram und untersuchten ihn. Müde saß er auf meiner Handfläche und keuchte. Sein hautloser rosa Schwanz erinnerte an einen Ochsenschwanz, der in den Topf geraten ist. Wie gewöhnlich in solchen Fällen, verhielt sich das Tier, als sei nichts geschehen, obwohl es das gleiche ist, als wenn einem Menschen die Haut von einem Bein bis auf Knochen und Muskeln abgerissen wird. Aus Erfahrung wußte ich, daß der Schwanz verkümmert und vertrocknet und dann wie ein Zweig abbricht. Das Tier erleidet dadurch keinen Schaden. In Bertrams Fall war die Sache nicht ganz so harmlos, da er den Schwanz bei seinen akrobatischen Darbietungen für die Balance brauchte. Da er jedoch sehr gelenkig war, hoffte ich, es würde ihm wenig ausmachen; für uns jedoch wurde er als Invalide wertlos. Wir mußten also den Schwanz amputieren und Bertram laufen lassen. Als ich den Schwanz abgenommen hatte, setzte ich Bertram traurig zwischen die dicken, gewundenen Zweige der Bougainvillea, die an der Veranda wuchsen. Ich hoffte, er würde sich dort einrichten und später vielleicht Reisende mit seinen Kunststücken unterhalten, wenn er sich an das Leben ohne Schwanz gewöhnt hatte. Er saß dort auf einem Bougainvilleastengel, klemmte sich mit seinen kleinen rosa Pfoten fest und guckte durch seinen zitternden Schnurrbart wie durch eine Windschutzscheibe. Dann sprang er sehr rasch und anscheinend mit unverändertem Gleichgewichtsgefühl auf die Verandabrüstung, von dort auf den Boden und trippelte zur Käfigreihe an der gegenüberliegenden Wand. Ich glaubte, er sei etwas durcheinander, nahm ihn hoch und setzte ihn wieder in die Bougainvillea. Doch er tat das gleiche wie zuvor. Fünfmal setzte ich ihn in die Zweige und fünfmal sprang er auf den Verandaboden und lief geradewegs zu den Käfigen. Dann hatte ich genug von seiner Dummheit, trug ihn an das entgegengesetzte Ende der Veranda und setzte ihn dort in die Schlingpflanzen und meinte, damit sei die Angelegenheit erledigt.

Oben auf dem Mäusekäfig hatten wir einen Wattebausch liegen, um die Nester zu erneuern, wenn sie beschmutzt waren. Beim Füttern am Abend meinte ich, die Mäuse könnten ein neues Bett gebrauchen. Ich zog die alte Watte ganz heraus, entfernte die aufgehäuften Schätze, die die Haselmäuse in ihren Schlafzimmern sammeln, und wollte sie durch neue ersetzen. Als ich den Reserve-Wattebausch in die Hand nahm, um eine Handvoll abzuzupfen, wurde ich plötzlich in den Daumen gebissen. Ich erschrak, denn ich war nicht darauf gefaßt gewesen, und fürchtete, es könnte eine Schlange sein. Doch durfte ich mich schnell über die Art des Angreifers beruhigen. Ein böses Gesicht lugte aus der Watte, und Bertram zeterte und quietschte mich in einem offensichtlich sehr ungehaltenen Haselmäuserisch an. Ziemlich ärgerlich auf das eigensinnige Tier zog ich ihn aus seinem gemütlichen Bett, trug ihn ans andere Ende der Veranda und beförderte ihn zurück in die Bougainvillea. Wütend klammerte er sich an einen Stengel, schwankte hin und her und keifte fürchterlich. Zwei Stunden später lag er wieder im Wattebausch.

Wir gaben den ungleichen Kampf auf und ließen ihn in Ruhe. Doch Bertram war noch nicht am Ende. Er hatte einmal seinen Kopf durchgesetzt und versuchte nun, uns weiter kleinzukriegen. Wenn die anderen Mäuse abends aus ihren Nestern krochen und ihre Näpfe erstaunt und mit begeistertem Gequietsche begrüßten, kam Bertram aus seinem Wattebausch und kletterte die Stäbe hinunter. Dort hing er und sah sehnsüchtig zu, wenn die anderen an ihrem Futter nagten, erlesene Stückchen Banane und Avocado-Birne fortschleppten und in ihren Betten versteckten. Das ist die Eigenart aller Haselmäuse, die vermutlich fürchten, nachts hungers zu sterben. Er sah so kläglich aus, wenn er an dem Gitter hing und beobachtete, wie die anderen mit üppigen Bissen hin und her liefen, daß wir schließlich nachgaben und ihm einen Teller auf den Käfig stellten. Dann meinten wir, es sei unsinnig, ihn draußen zu lassen, wenn wir ihn doch fütterten und setzten ihn also wieder zu den anderen in den Käfig. Dort richtete er sich ein, als sei er nie fort gewesen. Uns schien, als sähe er etwas bornierter aus als vorher; aber was sollten wir mit einem Tier machen, das sich weigerte, freigelassen zu werden?

Allmählich wurden wir fertig. Die beschädigten Käfige waren repariert. Vor jedem hing ein sackleinener Vorhang, den wir unterwegs herunterlassen konnten. Auf die Kisten der Giftschlangen war eine doppelte Schicht feiner Gaze genagelt, um Unfälle zu vermeiden, und die Deckel waren angeschraubt. Die unbeschreibliche Vielfalt unserer Ausrüstung — Fleischwölfe, Generatoren, Injektionsspritzen, Waagen — waren in große Kisten verpackt und vernagelt, die Filmzelte aus Netzen mit den großen Planen zusammengefaltet. Bereit zum Aufbruch warteten wir auf die Lastwagen, die uns zur Küste bringen sollten. Am Abend vor ihrer Ankunft besuchte uns der Fon zu einem Abschiedstrunk.

»Wah!« Traurig schlürfte er an seinem Whisky. »Ich bin unglücklich, daß du Bafut verläßt, mein Freund.«

»Wir sind auch traurig«, war meine ehrliche Antwort. »Wir hatten eine glückliche Zeit hier in Bafut und wir haben viel gutes Fleisch bekommen.«

»Warum bleibt ihr nicht hier?« fragte der Fon, »ich gebe euch Land, ihr baut euch ein feines Haus, und dann habt ihr euren Zoo hier in Bafut. Dann kommen alle Europäer von Nigeria und sehen sich eure Tiere an.«

»Danke, mein Freund, vielleicht komme ich ein andermal zurück nach Bafut und baue hier ein Haus. Das ist eine gute Idee.«

»Fein, fein«, sagte der Fon und erhob sein Glas. Auf dem Weg unterhalb des Gästehauses sang eine Gruppe Kinder des Fon ein trauriges Lied, das ich bisher nie gehört hatte. Schnell holte ich mein Aufnahmegerät. Gerade als ich es eingestellt hatte, hörten die Kinder auf. Interessiert beobachtete der Fon meine Vorkehrungen.

»Bekommst du Nigeria mit dieser Maschine?« fragte er.

»Nein, mit diesem Gerät mache ich Aufnahmen, es ist kein Radio.«

»Ach so«, sagte der Fon. Er hatte begriffen.

»Wenn deine Kinder heraufkommen und dieses Lied noch einmal singen, zeige ich dir, wie die Maschine arbeitet«, sagte ich.

»Ja, ja, fein.« Der Fon rief eine seiner Frauen, die draußen auf der dunklen Veranda stand. Sie eilte die Treppen hinunter und trieb bald darauf eine kleine Schar schüchterner, kichernder Kinder vor sich her. Ich stellte sie um das Mikrofon herum auf und sah dann, den Finger am Schaltknopf, den Fon an.

»Wenn sie jetzt singen, mache ich eine Aufnahme«, sagte ich.

Der Fon erhob sich majestätisch, wie ein Turm überragte er die Kinder.

»Singen!« kommandierte er und schwenkte das Whiskyglas. Eingeschüchtert begannen die Kinder mit falschen Einsätzen. Allmählich wuchs ihr Selbstvertrauen, und schließlich sangen sie fröhlich darauf los. Der Fon schlug mit dem Whiskyglas den Takt und schunkelte nach der Melodie. Hin und wieder brüllte er einige Takte zusammen mit den Kindern. Als das Lied zu Ende war, lachte er strahlend zu seiner Nachkommenschaft hinunter.

»Fein, fein. Trinkt!« Der Reihe nach goß er jedem Kind ein paar Tropfen puren Whisky in die rosa Handfläche. Unterdessen ließ ich das Band laufen, um es dem Fon vorzuspielen. Ich gab ihm die Kopfhörer, erklärte ihm, wie er sie aufsetzen sollte, und schaltete ein.

Es machte mir Spaß, zu beobachten, wie sich die verschiedenen Eindrücke auf dem Gesicht des Fon widerspiegelten; zuerst der Ausdruck völligen Unglaubens. Er nahm die Hörer ab und betrachtete sie mißtrauisch. Dann setzte er sie wieder auf und lauschte überwältigt. Allmählich breitete sich ein schelmisches Lächeln über das ganze Gesicht.

»Wah, wah, wah!« flüsterte er hingerissen, »wundervoll.«

Nur sehr zögernd nahm er die Hörer ab, damit auch seine Frauen und die Räte die Aufnahme hören konnten. Die Luft war voll von entzückten Ausrufen und Fingerschnappen. Der Fon bestand darauf, zusammen mit den Kindern noch drei Lieder zu singen. Jedesmal beim Abhören war seine Freude unvermindert.

»Diese Maschine ist großartig«, sagte er schließlich, nippte an seinem Whisky und betrachtete das Aufnahmegerät. »Kann man diese Maschine in Kamerun kaufen?«

»Nein, hier bekommt man sie nicht. Vielleicht in Nigeria, vielleicht in Lagos.«

»Wah! Wundervoll«, wiederholte er verträumt.

»Wenn ich zu Hause bin, mache ich eine Schallplatte von den Liedern. Ich schicke sie dir und du kannst sie auf deinem Grammofon spielen«, sagte ich.

Nach einer Stunde ging er. Er umarmte mich freundschaftlich und versicherte, er würde uns morgen bei der Abfahrt Lebewohl sagen. Wir waren gerade in Begriff, früh ins Bett zu gehen, da wir einen anstrengenden Tag vor uns hatten, als ich leise Fußtritte und dann Händeklatschen auf der Veranda hörte. Von der Tür aus sah ich Foka, den ältesten Sohn des Fon, der seinem Vater außergewöhnlich ähnelte.

»Hallo, Foka, guten Abend, komm herein.«

Mit einem Bündel unter dem Arm kam er näher und lächelte schüchtern.

»Der Fon schickt dir dies«, sagte er und gab mir das Bündel. Überrascht wickelte ich es aus. Zum Vorschein kamen ein geschnitzter Bambusstock, eine kleine, reichbestickte Kappe und ein schwarz-gelbes Gewand mit kunstvoll besticktem Kragen.

»Das sein Kleider von Fon. Er sie dir schicken. Der Fon dir sagen, du sein zweiter Fon von Bafut«, erklärte Foka.

»Wah«, rief ich aus, ehrlich gerührt, »das sind feine Sachen, die dein Vater für mich tut.«

Foka war begeistert über meine offenkundige Freude.

»Wo ist dein Vater jetzt? Ist er im Bett?« fragte ich.

»Nein Sah, er sein in Tanzhaus.«

Ich warf das Gewand über, zog die Ärmel zurecht, setzte die bestickte kleine Kappe auf, nahm den Stock und eine Flasche Whisky und fragte Foka: »Sehe ich gut aus?«

»Fein, Sah, fein.« Er strahlte.

»Gut, dann bringe mich zu deinem Vater.«

Er führte mich quer über den großen, verlassenen Hof, durch das Labyrinth von Hütten zum Tanzhaus, aus dem uns das Dröhnen der Trommeln und das Pfeifen der Flöten entgegenklang. Als ich eingetreten war, blieb ich stehen. Die Kapelle setzte, starr vor Erstaunen, augenblicklich aus. Ein Raunen der Verwunderung lief durch die Gesellschaft. Ich sah den Fon am anderen Ende des Saales, überrascht ließ er sein Glas sinken. Ich wußte, was ich zu tun hatte, denn mehr als einmal war ich dabei gewesen, wenn sich die Räte dem Fon genähert hatten, um ihm zu huldigen oder eine Gunst von ihm zu erbitten. Schweigend ging ich durch den Saal. Das Gewand rauschte um meine Füße. In halber Verneigung hielt ich vor dem Fon an und schlug die Hände dreimal zur Begrüßung aneinander. Nach einem Augenblick des Schweigens brach die Hölle los. Die Frauen und Räte schrien und jubelten vor Entzücken. Ein freudiges Lächeln lag auf dem Gesicht des Fon. Er sprang auf, ergriff mich an den Ellenbogen, hob mich hoch und umarmte mich.

»Mein Freund, mein Freund, willkommen!« brüllte er und schüttelte sich vor Lachen.

»Du siehst«, ich breitete die Arme aus, so daß die langen Ärmel wie Fahnen herabhingen, »du siehst, ich bin ein Bafutmann.«

»Das ist wahr! Das ist wahr, mein Freund. Diese Kleider sind meine eigenen. Ich gebe sie dir, so bist du ein Bafutmann«, krähte er.

Wir setzten uns. Der Fon lächelte mich an.

»Dir gefallen meine Kleider?« fragte er.

»Ja, es sind feine Kleider. Etwas Feines hast du für mich getan, mein Freund«, sagte ich.

»Gut, gut, jetzt bist du Fon genau wie ich.« Er lachte. Dann hefteten sich seine Augen gedankenverloren an die Whiskyflasche, die ich mitgebracht hatte.

»Gut«, wiederholte er. »Jetzt werden wir trinken und eine glückliche Zeit haben.«

Erst um $^1/_2$4 Uhr morgens kroch ich müde aus meiner kostbaren Robe unter mein Moskitonetz.

»War es schön?« fragte Jacquie verschlafen von ihrem Bett her.

»Ja, aber es ist ziemlich anstrengend, Vizefon von Bafut zu sein«, gähnte ich.

Am Morgen erschienen die Wagen anderthalb Stunden vor der festgesetzten Zeit. Diese ungewöhnliche Tatsache, für die es in der Geschichte Kameruns keine Parallele gibt, erlaubte uns in Ruhe aufzuladen. Das Verladen einer Tiersammlung ist ein Kunststück. Zuerst werden die Ausrüstungsgegenstände verstaut. Die Käfige müssen in der Nähe der hinteren Wagenklappe stehen, damit die Tiere genügend Luft haben. Natürlich darf man die Käfige nicht willkürlich hineinschieben. Sie müssen so gestellt werden, daß ein Zwischenraum zwischen ihnen bleibt, und sie dürfen sich nicht gegenseitig ansehen, sonst kann es zum Beispiel passieren, daß ein Affe durch die Stäbe langt und von einer Zibetkatze gebissen wird; oder eine Eule kann — einfach weil sie eine Eule ist und vor sich hinstarrt — kleine Vögel in einen so hysterischen Zustand versetzen, daß sie am Ende der Reise tot sind. Vor allem müssen die Tiere, die unterwegs eine besondere

Wartung brauchen, ganz hinten stehen und jederzeit erreichbar sein.

Um 9 Uhr war der letzte Wagen beladen und in den Schatten der Bäume gefahren. Wir konnten uns den Schweiß vom Gesicht wischen und uns auf der Veranda ein Weilchen ausruhen. Jetzt kam auch der Fon.

»Mein Freund«, bei diesen Worten beobachtete er, wie ich ihm unseren letzten großen Whisky eingoß, »ich bin traurig, daß du abfährst. Wir hatten eine so glückliche Zeit zusammen in Bafut.«

»Eine sehr glückliche Zeit, mein Freund.«

»Chirri-ho«, sagte der Fon.

»Chirri-ho«, erwiderte ich.

Er ging mit uns die lange Treppe hinunter. Unten gaben wir uns die Hand. Dann legte er mir beide Hände auf die Schultern und sah mich an.

»Ich hoffe, du und alle deine Tiere fahren gut, mein Freund, und kommen schnell in dein Land«, sagte er.

Jacquie und ich kletterten in die heiße, dumpfe Führerkabine. Der Motor lief an. Der Fon erhob seine große Hand zum Gruß. Der Laster sprang vorwärts, und mit einer roten Staubwolke hinter uns ratterten wir davon, über die goldenen Hügel auf die ferne Küste zu.

Für die Fahrt brauchten wir drei Tage. Sie war unangenehm und aufreibend wie jede Fahrt mit einer Tiersammlung. Alle paar Stunden mußten wir anhalten, die Käfige mit den kleinen Vögeln ausladen und an den Wegrand stellen, damit die Tiere fraßen. Sonst wären alle kleinen Vögel am Ende der Fahrt tot gewesen, da sie keine Lust zum Fressen haben, solange der Wagen fährt. Dann mußten die empfindlichen Amphibien fast stündlich herausgenommen und mit den Säcken in einen Bach getaucht werden; denn je weiter wir ins Flachland kamen, desto heißer wurde es und die Tiere wären uns sonst ausgetrocknet und gestorben. Der Weg war fast überall von tiefen Löchern und Furchen durchzogen. Während die Laster holperten und schwankten, saßen wir unbequem auf unseren Sitzen und überlegten besorgt, welches Tier wohl beim letzten Stoß verletzt oder gar getötet sein könnte. Einmal gerieten wir in einen schweren Regenguß. Im Nu war der Weg ein See aus klebrigem, rotem Matsch, der wie blutroter Porridge unter den Rädern wegspritzte. Einer der Wagen, ein riesiger Bedford mit Vierradantrieb, kam ins Gleiten; der Fahrer verlor die Gewalt über ihn, so daß er in einem Graben landete. Wir gruben die Räder aus, legten Äste darunter, damit sie greifen konnten und hatten den Wagen endlich nach einer Stunde wieder auf der Straße. Zum Glück war keinem der Tiere etwas geschehen. Als die Wagen durch die Bananenplantagen dem Hafen zufuhren, atmeten wir erleichtert auf. Tiere und Ausrüstungsgegenstände wurden entladen und mit den kleinen flachen Loren, mit denen Bananen gefahren werden, zum Schiff befördert. Sie klapperten und ratterten eine halbe Meile durch Mangrove-Morast und fuhren dann auf die hölzerne Mole, an der das Schiff vertäut lag. Wieder wurden die Käfige verladen und an einem kleinen Kran befestigt, der sie an Bord hob. Ich ging aufs Vorderdeck, wo die Tiere untergebracht werden sollten, um das Entladen zu überwachen. Als die erste Ladung das Deck berührte, erschien ein Matrose, der sich die Hände an einem Stück Baumwolle abwischte. Er sah auf die Reihe der Loren, die alle mit Käfigen bepackt waren, dann guckte er mich an und grinste.

»Ist der ganze Kram Ihrer, Sir?« fragte er.

»Ja«, antwortete ich, »und der ganze Kram auf den Schienen auch.«

Er kam näher und sah in einen Käfig.

»Donnerwetter! Sind das alles Tiere?«

»Ja, der ganze Kram.«

»Donnerwetter«, wiederholte er ein wenig spöttisch, »Sie sind der erste Mann, den ich gesehen habe mit einem Zoo als Gepäck.«

Ich beobachtete zufrieden, wie die nächste Ladung an Bord gehoben wurde und antwortete glücklich: »Ja, und es ist sogar mein eigener Zoo.«

Meinetwegen bringe die Tiere her. Ich weiß zwar nicht, was die Nachbarn dazu sagen werden, aber das soll uns nicht kümmern. Mutter ist sehr neugierig auf Schimpansen und hofft, Du wirst welche mitbringen.

Herzliche Grüße von uns allen.
Margo

Die Leute aus unserer Villenstraße in Bournemouth konnten
stolz auf ihre Gärten hinter dem Haus sein, denn jeder glich
dem seines Nachbarn. Kleine Unterschiede gab es natürlich.
Die einen zogen die Stiefmütterchen den Wicken vor oder
die Hyazinthen den Lupinen, im Grunde jedoch waren alle
Gärten gleich. Wenn man aber den meiner Schwester ansah,
mußte man zugeben, daß er etwas — sagen wir — ungewöhnlich war. In einer Ecke stand ein großes Zelt, aus dessen
Innern drang ein seltsamer Chor von Quietschen, Pfeifen,
Grunzen und Brummen; an den Seiten Dexion-Käfige, aus
denen Adler, Geier, Eulen und Falken glotzten. Daneben
hatte Minnie, die Schimpansin, ihren großen Käfig. Auf
dem, was einmal ein Rasen war, tollten an langen Leinen
vierzehn Affen herum. In der Garage quakten Frösche, riefen mit heiseren Schreien Touracos und Eichhörnchen knab-
berten geräuschvoll an Haselnußschalen. Zu jeder Tagesstun-
de standen neugierige und entsetzte Nachbarn hinter den
Gardinen und beobachteten, wie meine Schwester, meine Mutter, Sophie, Jacquie oder ich in diesem Schlachtfeld von Garten mit kleinen Töpfen voll Brot und Milch, Tellern mit
zermustem Obst oder — was am schlimmsten schien — mit
großen Stücken blutigen Fleisches oder toten Ratten hin und
her liefen. Wir hatten den Eindruck, daß die Nachbarn in
uns unlautere Konkurrenten sahen. Hätten wir einen krähen-
den jungen Hahn, einen bellenden Hund oder eine Katze gehabt, die in ihrem schönsten Blumenbeet Junge geworfen
hätte, wären sie damit fertig geworden. Die Tatsache jedoch,
daß sich plötzlich ein umfangreicher Zoo in ihrer Mitte befand, war so ohne jeden Vergleich und so aufregend, daß es
ihnen den Atem verschlug und einige Zeit dauerte, bis sie
sich zu einem Protest zusammenschlossen.

Unterdessen hatte ich mich auf die Suche nach einem Zoo für meine Tiere gemacht. Die einfachste Sache der Welt schien mir zu sein, zu den örtlichen Behörden zu gehen, ihnen mitzuteilen, daß ich die Besetzung für einen schönen kleinen Zoo hätte und sie nichts weiter zu tun brauchten, als mich ein passendes Gelände mieten oder kaufen zu lassen. Da ich die Tiere vorweisen konnte, meinte ich in meiner Dummheit, die Behörden würden sich freuen, mir helfen zu können. Ohne daß es sie etwas kosten würde, könnten sie der Stadt eine weitere Sehenswürdigkeit hinzufügen. Die Stadtgewaltigen jedoch waren anderer Meinung. Bournemouth ist nichts mehr als konservativ. Seitdem der Ort Stadt geworden war, hatte es dort keinen Zoo gegeben. Aus welchem Grunde also sollte jetzt einer dorthin kommen? Wahrscheinlich nennen das die Stadtväter fortschrittlich. Erstens, sagten sie, wären die Tiere gefährlich, zweitens röchen sie und drittens meinten sie nach angestrengtem Nachdenken, sie hätten kein Gelände für einen Zoo.

Langsam fing ich an zu kochen. Ich bin nie gut in Form, wenn ich den Kampf mit den pompösen Ungereimtheiten der öffentlichen Meinung aufnehmen muß. Doch dieser vollständige Mangel an Verständnis brachte mich immer mehr auf. Die Tiere saßen im Garten meiner Schwester, fraßen Unmengen und kosteten mich ein Vermögen an Fleisch und Obst. Die Nachbarn, die böse geworden waren, weil wir nicht in das übliche Schema paßten, bombardierten die Gesundheitsbehörde mit Klagen, und der arme Inspektor mußte zweimal die Woche zu uns herauskommen, ob er wollte oder nicht. Die Tatsache, daß er nicht das geringste fand, was die Klagen der Nachbarn gerechtfertigt hätte, half ihm nichts. Ging eine Klage ein, mußte er inspizieren. Der bedauernswerte Mann bekam jedes Mal eine Tasse Tee. Er freundete sich mit einigen Tieren an und brachte sogar seine kleine Tochter mit. Am meisten beunruhigte mich, daß der Winter vor der Tür stand und die Tiere unmöglich in einem ungeheizten Zelt bleiben konnten. Da hatte Jacquie einen ausgezeichneten Einfall.

»Sollten wir die Tiere nicht einem der großen Warenhäuser für eine Weihnachtsausstellung anbieten?« schlug sie vor.

Ich telefonierte also der Reihe nach mit allen Warenhäusern der Stadt. Sie waren reizend, konnten aber nicht helfen. Sie hatten einfach keinen Platz, so lieb ihnen eine solche Ausstellung gewesen wäre. Dann telefonierte ich mit dem letzten auf meiner Liste, der Firma J. J. Allen. Zu meiner Freude zeigte sie große Begeisterung und bat mich, hinzukommen, um die Sache zu besprechen. So entstand »Durrells Menagerie«.

Ein großer Teil des Erdgeschosses wurde freigemacht, geräumige Käfige aufgestellt mit geschmackvollen Wandmalereien, die tropischen Wald darstellten, und dann brachten wir die Tiere aus der Kälte und Feuchtigkeit in strahlendes elektrisches Licht und eine gleichbleibende Temperatur. Das Eintrittsgeld deckte gerade die Kosten für das Futter, und zehrten nicht länger an meinem Kapital. Von dieser Sorge befreit, konnte ich jetzt von neuem auf die Suche nach einem Zoo gehen. Es wäre ermüdend, alle Enttäuschungen dieser Zeit einzeln aufzuzählen oder eine Liste der Bürgermeister, Stadträte, Parkverwaltungen und Gesundheitsämter aufzustellen, mit denen ich verhandelte. Es mag genügen, wenn ich sage, daß mir manchmal der Kragen platzte bei dem Versuch, anscheinend intelligente Leute davon zu überzeugen, daß ein Zoo in erster Linie eine Attraktion bedeutet. Die Art und Weise, wie man reagierte, war so, als wolle ich eine Atombombe werfen.

Inzwischen unternahmen die Tiere, die nicht ahnten, wie sehr ihr Schicksal auf des Messers Schneide stand, alles mögliche, um unser Leben abwechslungsreich zu gestalten. Eines Tages zum Beispiel meinte Georgina, die Paviandame, es lohne sich, mehr von Bournemouth zu sehen als das Erdgeschoß der Firma J. J. Allen. Zum Glück kam sie an einem Sonntagmorgen, an dem niemand im Geschäft war, auf die Idee. Ich wage kaum, mir vorzustellen, was sonst passiert wäre.

Ich trank gerade meinen Tee und wollte anschließend zu J. J. Allen gehen, um die Tiere zu säubern und zu füttern. Da klingelte das Telefon. Ahnungslos nahm ich den Hörer ab.

»Spricht dort Mr. Durrell?« fragte eine tiefe, traurige Stimme.

»Am Apparat.«

»Hier ist die Polizei, Sir. Einer Ihrer Affen ist 'raus. Ich wollte Ihnen das lieber mitteilen.«

»Du meine Güte! Welcher ist es denn?« fragte ich.

»Das weiß ich leider nicht, Sir. Es ist ein großer brauner. Er sieht ziemlich böse aus, Sir. Darum wollte ich Sie lieber benachrichtigen.«

»Ja, danke. Wo ist er?«

»Im Augenblick in einem der Schaufenster. Ich glaube aber nicht, daß er dort lange bleiben wird. Beißt er, Sir?«

»Das ist schon möglich. Gehen Sie nicht zu nahe heran. Ich komme sofort.«

Ich knallte den Hörer auf. Keinesfalls wollte ich einen blutüberströmten Polizisten vorfinden. Ich schnappte mir ein Taxi und raste ins Stadtzentrum, ohne auf Geschwindigkeitsbegrenzungen zu achten. Wir handelten ja schließlich im Sinne der Polizei.

Als ich das Taxi bezahlt hatte, stach mir zuerst das Chaos in einem der Schaufenster in die Augen. Das Fenster zeigte sorgfältig angeordnet eine Schlafzimmereinrichtung. Neben dem großaufgeschlagenen Bett stand eine hohe Nachttischlampe; mehrere Daunendecken waren geschmackvoll über den Boden verteilt. So hatte es wenigstens der Dekorateur eingerichtet. Jetzt sah es aus, als habe eine Bombe eingeschlagen. Die Lampe war umgefallen und hatte ein großes Loch in eine Steppdecke gebrannt; die Bezüge waren abgezogen, Kopfkissen und Laken mit großen schwarzen Fußspuren verziert. Auf dem Bett saß Georgina, hüpfte vergnügt darauf herum und schnitt einer aufgeregten Menge von Kirchgängern, die sich vor dem Fenster angesammelt hatten, Grimassen. Ich ging hinein und fand zwei riesige Polizisten hinter einer Barrikade im Anschlag.

»Ah, Sir, da sind Sie ja«, sagte der eine erleichtert.

»Wir wollten nicht versuchen, ihn zu fangen, weil er uns nicht kennt; und wir dachten, wir würden es vielleicht noch schlimmer machen.«

»Ich glaube, schlimmer kann es gar nicht sein«, sagte ich niedergeschlagen. »An und für sich ist sie harmlos, sie macht nur gern Spektakel und sieht böse aus ... aber das scheint wirklich nur so.«

»Wirklich?« meinte einer der Polizisten höflich, aber wenig überzeugt.

»Ich will versuchen, sie im Fenster zu fangen. Wenn sie mir aber durchgeht, bitte helfen Sie mir. Lassen Sie sie um Himmels willen nicht in die Porzellanabteilung entwischen.«

»Da ist sie schon gewesen«, sagte einer der Polizisten schwermütig.

»Hat sie was kaputtgemacht?« fragte ich vorsichtig.

»Nein, Sir, zum Glück nicht, sie ist nur gerade hindurchgaloppiert. Bill und ich haben sie gejagt, darum blieb sie nicht stehen.«

»Nun, lassen wir sie nicht zum zweitenmal dahin, es könnte weniger glimpflich abgehen.«

Inzwischen waren Jacquie und meine Schwester Margo in einem anderen Taxi angekommen. Damit verstärkte sich unsere Streitmacht auf fünf Mann. Ich meinte, wir sollten eigentlich mit Georgina fertigwerden. Die zwei Polizisten, meine Frau und meine Schwester postierte ich an geeigneten Positionen beim Eingang zur Porzellanabteilung. Ich ging zum Schaufenster, in dem Georgina noch immer auf dem Bett herumsprang und dem Publikum Fratzen schnitt.

»Georgina!« meine Stimme war ruhig und sanft. »Komm, komm her zu Papa!«

Überrascht sah Georgina über ihre Schulter. Sie studierte mein Gesicht, als ich auf sie zuging, und fand, daß es meine honigsüße Stimme Lügen strafe. Sie raffte sich auf, sprang durch die Luft über die noch schwelende Daunendecke und griff nach dem großen Wall aus Frottiertüchern, der den Abschluß der Schaufensterauslage bildete. Zu schwach für das

Gewicht des großen turnenden Pavians, kippte diese Wand um. Georgina fiel zu Boden, begraben von einer Kaskade prächtig-bunter Handtücher. Sie kämpfte verzweifelt, um sich zu befreien und war gerade soweit, als ich mich auf sie warf, um sie zu ergreifen. Mit einem hysterischen Aufheulen floh sie aus dem Fenster ins Innere des Ladens. Ich wickelte mich nun meinerseits aus den Handtüchern und folgte ihr. Ein durchdringender Schrei meiner Schwester unterrichtete mich über Georginas Aufenthaltsort. Meine Schwester neigt dazu, bei Gefahr wie eine Sirene loszuheulen.

Georgina war hinter ihr vorbeigeschlüpft. Jetzt hockte sie mit flackernden Augen auf einem Ladentisch und freute sich an dem Spiel. Geschlossen näherten wir uns ihr mit bösen Blicken. Über dem Ende des Ladentisches hing an der Decke eine Weihnachtsdekoration aus Stechpalmen, Rauschgold und Pappsternen. Es sah ungefähr wie ein Lüster aus und schien für Georgina der ideale Gegenstand zum Schaukeln. Sie balancierte zum Ende des Ladentisches, und als wir vorschossen, sprang sie hoch und ergriff die Dekoration, die dem nicht gewachsen war; Georgina purzelte herunter, sprang auf die Füße und rannte mit einem Stechpalmenzweig über dem Ohr davon.

Die nächste halbe Stunde tobten wir im Warenhaus herum, Georgina immer zum Greifen nahe vor uns. In der Schreibwarenabteilung warf sie einen Stapel Kontobücher um, blieb stehen, um auszuprobieren, ob ein Haufen Spitzendecken eßbar sei und machte einen großen, eindrucksvollen See am Fuß der Haupttreppe. Als den Polizisten die Luft ausging und ich verzweifeln wollte, ob wir das vermaledeite Tier je fangen würden, machte sie einen Fehler. Sie lief leichtfüßig vor uns her und kam zu einem anscheinend idealen Versteck, einer langen Reihe Linoleumrollen, die nebeneinanderstanden. Sie sprang dazwischen und war verloren, denn die Rollen bildeten eine Sackgasse, eine von drei Seiten geschlossene Falle, aus der es kein Entkommen gab. Rasch holten wir auf und blockierten den Eingang der Linoleumfalle. Wütend näherte ich mich Georgina. Sie saß wild schreiend da und bat um Gnade. Als ich vorsprang, um sie zu greifen, duckte sie sich, ich drehte mich um und wollte sie packen, dabei stieß ich an eine der schweren Rollen. Ich konnte es nicht verhindern, daß sie wie ein gigantischer Baumstamm nach vorn kippte und einem Polizisten auf den Helm fiel. Als der arme Mann taumelte und Georgina mich ansah, wußte sie, daß sie Polizeischutz brauchte. Sie stürzte auf den schwankenden Polizisten zu und umschlang seine Beine. Sie sah über ihre Schulter zu mir hin und schrie. Ich sprang vor, ergriff ihre behaarten Beine und die Hautfalten am Genick. So zog ich sie, ohne mich von ihren durchdringenden Schreien stören zu lassen, von den Beinen des Polizisten weg.

»Verflucht«, sagte er erleichtert, »ich dachte, mein Stündlein hätte geschlagen.«

»Sie hätte nicht gebissen. Sie meinte, Sie könnten sie vor mir beschützen.« Ich versuchte, mich gegen Georginas Schreien durchzusetzen.

»Verflucht«, sagte der Polizist noch einmal. »Gut, das hätten wir überstanden.«

Wir beförderten Georgina wieder in ihren Käfig, dankten den Polizisten, beseitigten die Unordnung, säuberten und fütterten die Tiere und kehrten dann zu einer wohlverdienten Ruhe nach Hause zurück. Für den Rest des Tages fuhr ich bei jedem Telefonanruf hoch.

Auch Cholmondeley St. John tat alles, um uns in Atem zu halten. Zunächst einmal richtete er sich im Hause ein und beherrschte bald meine Mutter und Schwester. Dann bekam er einen bösen Husten, der sich zu einer Bronchitis auswuchs und auch, als er sie überstanden hatte, blieb er noch heiser. Darum sollte er wenigstens für den Winter Kleider bekommen. Da er mit uns im Hause lebte, trug er schon Hosen aus Kunststoff und Papierlätzchen und war an Kleider gewöhnt. Als ich verkündet hatte, Chum solle Kleider bekommen, machte sich meine Mutter begeistert an die Arbeit. Ihre Stricknadeln klapperten unablässig, und in Rekordzeit hatte sie für den Affen eine Aussteuer an wollenen Höschen und Pullovern in den leuchtendsten Farben und den ausgefallen-

sten Shetland-Mustern fertig. Von jetzt ab lungerte Cholmondeley St. John auf der Fensterbank des Wohnzimmers
herum, jeden Tag in einer anderen Garnitur, aß unbeteiligt
einen Apfel und ignorierte die Gruppe neugieriger Kinder
vollkommen, die über den vorderen Zaun hingen und ihn
neugierig betrachteten.

Die Haltung der Menschen Cholmondeley gegenüber war für
mich äußerst aufschlußreich. Kinder zum Beispiel hielten
ihn für nichts anderes als für ein Tier mit einer erstaunlichen Ähnlichkeit zum Menschen, das außerdem die Gabe
besaß, sie zum Lachen zu bringen. Die Erwachsenen dachten
leider viel weniger intelligent. Mehr als einmal fragten mich
die Leute, die nicht einmal dumm waren, ob er sprechen
könne. Meine Antwort lautete immer, daß Schimpansen
selbstverständlich eine Art Sprache unter sich haben. Das
meinten die Fragesteller jedoch nicht; sie wollten wissen, ob
er wie ein Mensch spräche, ob er die politische Lage, den
Kalten Krieg oder ähnliche aktuelle Probleme diskutieren
könne.

Die erstaunlichste Frage, die mir über Cholmondeley vorgelegt wurde, war die einer mittelalterlichen Dame auf dem
Golfplatz von Bournemouth. Bei gutem Wetter nahm ich
Chum mit dorthin und ließ ihn in den Tannen herumturnen,
während ich auf dem Rasen saß und las oder schrieb. An diesem Tage hatte Cholmondeley eine halbe Stunde lang im Geäst gespielt, dann war es ihm zu langweilig geworden, er
kam herunter, setzte sich auf meinen Schoß und versuchte,
mich zu veranlassen, ihn zu kraulen. Gerade in diesem Augenblick kam die Dame vorbei. Sie sah Cholmondeley und
mich, blieb stehen und betrachtete uns; jedoch nicht mit dem
üblichen Erstaunen der Leute, wenn sie einen Schimpansen
in einem bunten Shetland-Pullover auf einem Golfplatz sehen. Sie trat näher und fixierte den auf meinem Schoß sitzenden Cholmondeley St. John. Dann heftete sie ihren durchbohrenden Blick auf mich.

»Haben Affen Seelen?« fragte sie.

»Das weiß ich nicht, gnädige Frau. Ich kann nicht einmal

mit Sicherheit sagen, ob ich eine habe, so können Sie kaum von mir erwarten, mich für einen Schimpansen zu verbürgen.«

»Hm.« Mehr brachte sie nicht heraus. Das war der Eindruck, den Cholmondeley St. John auf die Leute machte.

Das Zusammenleben im Haus mit ihm war ein lohnendes Experiment. Sein Charakter und seine Intelligenz machten ihn für mich zu dem interessantesten Tier, dem ich je begegnet bin. Am meisten beeindruckte mich sein Erinnerungsvermögen, das nach meiner Meinung ohne Beispiel war.

Ich besaß damals eine Lambretta mit Beiwagen und entschloß mich, Cholmondeley auf Fahrten in die Umgebung mitzunehmen, falls er sich in den Beiwagen setzte und nicht während der Fahrt hinaussprang. Die erste Fahrt mit ihm machte ich um den Golfplatz herum, um auszuprobieren, wie er sich verhalten würde. Er saß äußerst wohlerzogen da und betrachtete die vorbeihuschende Landschaft mit königlicher Miene. Abgesehen von gelegentlichen Versuchen, sich hinauszubeugen und vorbeifahrende Radfahrer an die Beine zu greifen, benahm er sich mustergültig. Dann fuhr ich zur Tankstelle. Cholmondeley war genauso begeistert von der Tankstelle, wie der Tankwart von ihm. Er beugte sich vor und beobachtete genau, wie der Tank aufgeschraubt und der Schlauch hineingehalten wurde. Das Plätschern und Gurgeln des einlaufenden Benzins entlockte ihm ein leises erstauntes »Cooo«. Da eine Lambretta mit einer lächerlich geringen Menge Benzin unglaublich lange auskommt, und ich sie zudem selten benutzte, dauerte es vierzehn Tage, bis ich wieder zu der Tankstelle fuhr. Es war auf dem Rückweg von einem Besuch bei Chums Freund, dem Müller, und seiner Wassermühle. Der freundliche Mann, der Cholmondeley St. John sehr bewunderte, hatte immer eine Tasse Tee für uns. So saßen wir denn nebeneinander auf dem Wehr, beobachteten die vorbeischwimmenden Moorhühner und tranken nachdenklich unseren Tee. Auf dem Rückweg merkte ich, daß mein Benzin knapp wurde und ich tanken mußte. Als ich den Tankwart begrüßte, sah ich, wie er verblüfft über meine

Schultern starrte. Ich drehte mich schnell um. Welches Unglück mochte der Affe wieder angerichtet haben? Cholmondeley war aus dem Beiwagen auf den Sitz geklettert und damit beschäftigt, den Verschluß vom Tank zu schrauben, damit das Benzin eingefüllt werden konnte. Dieses Erinnerungsvermögen erscheint mir sehr beachtlich. Erstens hatte er nur einmal beim Tanken zugesehen, und das war über vierzehn Tage her; zweitens hatte er unter all den Vorrichtungen der Lambretta diejenige herausgefunden, die man öffnen mußte.

Ein anderes Mal setzte Cholmondeley mich noch mehr in Erstaunen, und zwar nicht nur durch sein Erinnerungsvermögen, sondern auch durch seine Beobachtungsgabe. Ich mußte zweimal mit ihm nach London, einmal für eine Fernsehsendung und einmal zu einem Vortrag. Meine Schwester fuhr mich. Cholmondeley saß auf meinem Schoß und betrachtete interessiert die vorbeiziehende Landschaft. Auf halbem Weg etwa schlug ich vor, anzuhalten und etwas zu trinken. Wenn man Cholmondeley bei sich hatte, konnte man nicht in jedes Restaurant gehen, da Gastwirte nicht immer von einem Affen in der Bar entzückt sind. Schließlich fanden wir eine Kneipe, die vertrauenerweckend aussah, und hielten an. Zu unserer Erleichterung und Cholmondeleys Entzücken merkten wir, daß die Besitzerin sehr tierliebend war. Im Handumdrehen hatten sie und Cholmondeley Freundschaft geschlossen. Er wurde mit Orangensaft und Kartoffelchips gefüttert, durfte zwischen den Tischen »Catch-as-chatch-can« spielen und sogar auf der Bar einen Kriegstanz aufführen. Ausgelassen stampfte er mit den Füßen und rief »hoo . . . hooo . . .hoo . . .«. Wirtin und Schimpanse kamen so gut miteinander aus, daß Chum nur ungern mit uns weiterfuhr. Wäre er Automobilklub-Inspektor gewesen, hätte er dieser Bar bestimmt zwölf Sterne verliehen.

Drei Monate später fuhr ich mit Cholmondeley zu dem Vortrag nach London. Die Bar, in der wir uns bei der ersten Fahrt so gut unterhielten, hatte ich vollkommen vergessen, denn inzwischen waren wir in vielen anderen Lokalen freundlich aufgenommen worden. Unterwegs fing Chum auf meinem Schoß aufgeregt zu zappeln an. Zuerst dachte ich, er habe Kühe oder Pferde entdeckt, Tiere, die ihn stets interessierten. Aber weit und breit war weder Kuh noch Pferd zu sehen. Cholmondeley wurde immer unruhiger und fing schließlich an zu winseln. Ich konnte nicht entdecken, was ihn so aufregte. Dann fing er an zu heulen und hopste wie verrückt auf meinem Schoß auf und ab. Wir bogen um eine Ecke, da lag hundert Meter vor uns die alte Kneipe. Demnach hatte Cholmondeley die Gegend, durch die wir fuhren, wiedererkannt und sie mit seiner Erinnerung an den Spaß, den er damals gehabt hatte, verbunden. Einen solchen Denkprozeß hatte ich bisher bei keinem Tier beobachtet. Meine Schwester und ich waren so verblüfft, daß wir eine Stärkung nötig hatten. So konnte Cholmondeley seine Freundschaft mit der Wirtin erneuern, die sich ebenfalls über das Wiedersehen freute.

Immer noch kämpfte ich um meinen Zoo. Die Chancen wurden mit jedem Tag geringer. Die Tiere waren inzwischen von J. J. Allens Warenhaus in den Zoo von Paignton übergesiedelt; denn man hatte mir mit großem Entgegenkommen erlaubt, sie vorübergehend dort unterzubringen, bis ich einen Platz für den eigenen Zoo gefunden hätte. Doch das wurde, wie gesagt, immer unwahrscheinlicher. Es war die alte Geschichte. Zuerst braucht man die Hilfe anderer, dann will niemand helfen. Es bleibt einem nichts anderes übrig, man muß allein fertigwerden. Hat man aber Erfolg gehabt, kommen alle, die erst nicht helfen wollten, klopfen einem auf die Schulter und bieten ihre Hilfe an.

»Irgendwo muß es doch einen intelligenten Gemeinderat geben«, meinte Jacquie eines Abends. Wir saßen über einer Karte der Britischen Inseln.

»Daran zweifle ich«, sagte ich düster, »vor allem zweifle ich daran, daß ich noch die Kraft habe, es mit einer weiteren Serie von Bürgermeistern und Stadtschreibern aufzunehmen. Es bleibt uns nichts anderes übrig, wir müssen selbst Gelände finden und es ganz mit eigenen Kräften versuchen.«

»Du brauchst aber auf jeden Fall ihre Zustimmung. Es gibt ja schließlich eine Stadtplanung und was sonst noch alles«, meinte Jacquie.

Mir schauderte. »Am besten, wir suchen uns eine einsame Insel in Westindien oder sonstwo. Dort sind die Menschen wahrscheinlich vernünftiger und kennen keine Bürokratie.«

Jacquie schob Cholmondeley von dem Fleck der Landkarte, auf dem er gerade hockte.

»Was meinst du zu den Kanalinseln?« fragte sie.

»Was soll ich dazu meinen?«

»Nun, sie sind ein beliebter Ferienaufenthalt und haben ein sehr mildes Klima.«

»Das stimmt, es wäre ein idealer Platz. Aber wir kennen dort niemanden«, gab ich zu bedenken, »man braucht für solche Angelegenheiten jemanden, der einen berät.«

»Ja«, gab Jacquie zögernd zu, »wahrscheinlich hast du recht.«

So legten wir widerstrebend die Kanalinseln zu den Akten, obwohl es mich sehr gereizt hätte, den Zoo auf einer Insel einzurichten. Erst mehrere Wochen später, als ich in London war und mit Rupert Hart-Davis über meinen Zoo sprach, erschien ein Silberstreifen am Horizont. Ich gestand Rupert, die Möglichkeiten für einen eigenen Zoo wären so gering, daß ich drauf und dran sei, den Plan fallenzulassen. Ich sagte auch, daß wir an die Kanalinseln gedacht hätten, dort aber niemand kennen, der uns helfen könnte. Rupert horchte auf. Mit dem Ausdruck eines Zauberers, der ein kleines Kunststück zeigt, sagte er, er habe gute Verbindungen zu den Kanalinseln — warum man ihn denn nicht eher gefragt hätte — er kenne einen Mann, der seit Jahren dort lebe und nur zu gern helfen würde. Es war Major Fraser. Noch am gleichen Abend telefonierte ich mit ihm. Er schien nicht im geringsten etwas dabei zu finden, daß ein völlig Fremder ihn anrief und um Rat bei der Gründung eines Zoos fragte. Das nahm mich sofort für ihn ein. Er schlug vor, Jacquie und ich sollten nach Jersey kommen, er würde uns die Insel zeigen und alle nötigen Ratschläge geben. Wir vereinbarten ein Treffen.

Wir flogen also nach Jersey. Als die Maschine zur Landung ansetzte, erschien die Insel wie ein Spielzeugkontinent, ein Flickenteppich von winzigen Feldern in einer strahlend blauen See. Eine schöne, zerklüftete Küste war hier und da von glattem Strand unterbrochen, an den das Meer in Bändern schäumte.

Als wir auf dem Rollfeld standen, schien uns, als sei die Luft wärmer, die Sonne strahlender, und unsere Lebensgeister belebten sich wieder.

Hugh Fraser erwartete uns auf dem Flugplatz. Er war ein großer, schlanker Mann und trug seinen schmalkrempigen Trilby so weit nach vorn, daß der Rand fast auf seiner Adlernase ruhte. Er zwinkerte vergnügt mit den Augen, als er uns in den Wagen half und abfuhr. Wir durchquerten St. Hélier, die Hauptstadt der Insel, die mich an einen mittelgroßen englischen Marktflecken erinnerte. Ich war daher erstaunt, als an der Kreuzung ein Polizist in weißem Mantel und mit weißem Helm den Verkehr regelte. Das gab dem Ort auf einmal ein tropisches Gesicht. Wir fuhren durch die Stadt und dann durch schmale Wege mit steilen Böschungen, über die Bäume mit verschlungenen Ästen herabhingen und die Straßen zu einem grünen Tunnel machten. Die Landschaft erinnerte mich mit ihrer roten Erde und dem grünen Gras lebhaft an Devon. Doch war alles viel kleiner: winzige Felder, enge Täler mit Bäumen vollgestopft, kleine Bauernhäuser aus wunderschönem Jersey-Granit, der in Millionen von Schattierungen schimmerte, wenn die Sonne daraufschien. Wir bogen von der Straße ab, fuhren eine lange Auffahrt hinunter und hatten plötzlich Hughs Haus, Les Augres Manor, vor uns.

Das Landhaus war in der Form eines E ohne Mittelbalken gebaut. Das Hauptgebäude bildete den aufrechten Balken, die Flügel den oberen und unteren und endeten in zwei Steinbögen, durch die man in den Hof gelangte. Diese wundervollen Bögen waren um 1660 gebaut und wie das ganze

Gebäude aus Jersey-Granit. Voll Stolz führte uns Hugh herum. Er zeigte uns die alte steinerne Apfelpresse, die Kuhställe, den großen, von einer Mauer umgebenen Garten, den kleinen See mit der zerfransten Einfassung aus Simsen und die feuchten Wiesenniederungen mit den kleinen hindurchrinnenden Bächen. Schließlich schlenderten wir zurück unter den Steinbögen hindurch in den sonnenüberfluteten Hof.

»Sie wissen, Hugh, daß Sie einen zauberhaften Besitz haben«, sagte ich.

»Ja, er ist schön, ich glaube, einer der schönsten auf der Insel.«

Ich wandte mich an Jacquie: »Wäre dies nicht ein ausgezeichneter Platz für einen Zoo?« fragte ich.

»Ja, das wäre er«, stimmte Jacquie zu.

Hugh betrachtete mich einen Augenblick.

»Ist das Ihr Ernst?« fragte er.

»Nun, ich meinte es nicht im Ernst, aber es wäre tatsächlich der ideale Platz für einen Zoo. Warum fragen Sie?«

Hugh war in Gedanken. »Nun, mir wird die Unterhaltung etwas teuer, und ich möchte aufs Mutterland übersiedeln. Wollen Sie den Besitz mieten?«

»Das fragen Sie noch? Nennen Sie mir die Bedingungen.«

»Kommen Sie hinein, wir wollen über die Sache reden.«

Hugh führte uns über den Hof.

Nach einem Jahr aufreibender Kämpfe mit Stadträten und anderen Behörden hatte ich, eine Stunde nach der Landung auf Jersey, einen Platz für meinen Zoo gefunden.

Nachwort

Mein Zoo in Jersey ist jetzt fast ein Jahr der Öffentlichkeit zugängig. Vermutlich haben wir den neuesten Zoo in Europa, nach meiner Meinung, auch einen der schönsten. Er ist natürlich klein. Im Augenblick haben wir nur etwa 650 Säuger, Vögel und Reptilien — doch werden wir wachsen. Wir zeigen jetzt schon eine Zahl von Tieren, die außer uns kein anderer Zoo besitzt. Wenn es unsere Mittel erlauben, wollen wir uns auf die Arten konzentrieren, die am Aussterben sind.

Die meisten Tiere meines Zoos habe ich selbst gefangen. Wie ich schon sagte, ist dies das schönste am eigenen Zoo, daß man die Tiere, die man gefangen hat, dorthin bringen, sie zu jeder Tages- und Nachtzeit beobachten und ihre Entwicklung und die Aufzucht der Jungen überwachen kann. Das ist ein egoistisches Vernügen am eigenen Zoo. Doch hoffe ich, auch andere für das Leben und die Erhaltung der Tiere zu gewinnen. Wenn mir das gelingt, habe ich etwas Wertvolles erreicht. Sollte es mir darüber hinaus im Laufe der Zeit vergönnt sein, die eine oder andere Art vor dem Aussterben zu bewahren, dann würde ich mich glücklich schätzen.